새 연세한국어
말하기와 쓰기 1-1

연세대학교 한국어학당 편

연세대학교 출판문화원

머리말

연세대학교 한국어학당은 1959년에 설립된 한국 최초의 외국어로서의 한국어 교육 기관이다. 연세대학교 한국어학당은 그간의 역사와 명성에 걸맞게 다양한 한국어 교재 편찬 및 관련 연구를 해옴으로써 한국어 교육을 선도해 왔다. 지금까지 전 세계에서 온 약 150여 개국의 17만여 명에 이르는 한국어 학습자에게 한국어와 한국 문화를 가르쳐 왔으며, 최근에는 빠른 속도로 변화해 가는 교육 환경에 맞추어 오프라인 한국어 교육뿐만 아니라 온라인 한국어 교육 콘텐츠 개발에도 노력을 기울이고 있다. 이미 세계 각국의 한국어 학습자를 대상으로 글로벌 온라인 대중 공개 강좌(MOOC)를 개설하여 학습자들로부터 큰 호응을 얻었고 연세대학교 온라인 교육 혁신 플랫폼인 런어스(LearnUs)에도 최신 기술을 활용한 한국어 콘텐츠를 올려서 학습자들을 만나는 중이다.

연세대학교 한국어학당은 그간 일반 목적 한국어 학습자들뿐만 아니라 특수 목적 한국어 학습자들을 대상으로 정규과정, 단기과정, 대학 한국어 과정 등 다양한 교육과정을 개설 운영하면서 학습자의 요구에 부응하는 최상의 교재를 개발해 왔다. 이러한 교재들은 국내외의 한국어 교육 기관에서 교사와 학습자들의 다양한 요구를 충족시키며 양질의 한국어 교수·학습을 위해 널리 사용되고 있다.

연세대학교 한국어학당은 그간 가장 큰 호응을 받아 왔던 '연세한국어' 1급~6급의 뒤를 이을 새로운 교재로 '새 연세한국어' 시리즈를 기획 출간하게 되었다. 이 교재의 개발을 위해 한국어 교육 현장 경험이 풍부한 전문 한국어 교육학자 및 교사들이 대거 투입되었고 최상의 한국어 교수법 및 학습자 집단의 요구에 대한 이해를 바탕으로 개발 작업이 장기간에 걸쳐 수행되었다.

이번에 출간된 '새 연세한국어' 시리즈는 총 6단계로 각 단계마다 어휘와 문법 교재, 말하기와 쓰기 교재, 듣기와 읽기 교재로 구성되어 있다. '새 연세한국어 어휘와 문법'은 한국어 학습자들이 각 숙달도별로 가장 필수적으로 익혀야 하는 주요 어휘와 문법에 대한 이해와 활용을 중심으로 구성되었다. '새 연세한국어 말하기와 쓰기'는 원활한 한국어 의사소통을 위해 꼭 필요한 표현 기능을 수행할 수 있도록 말하기, 쓰기 과제를 중심으로 구성되었다. 또한 '새 연세한국어 듣기와 읽기'는 듣기, 읽기 과제를 중심으로 각 급별 숙달도에 적절한 이해 능력을 함양시킬 수 있도록 구성되었다. 이 세 권의 교재는 어휘·문법, 표현, 이해 능력의 고른 발달을 위해 패키지로 함께 사용될 수도 있고, 교육 현장 여건이나 학습자의 요구에 따라 별도로 사용될 수도 있다. 또한 어휘와 문법 교재의 경우 별도의 지침서가 무료로 제공되므로 교육 경험이 다소 부족한 국내외의 한국어 교사들에게 유용한 길잡이가 될 수 있을 것이다.

연세대학교 한국어학당은 앞으로도 전 세계의 한국어 학습자들의 요구와 기대에 부응하는 교재 개발을 위해 최선을 다할 것이다. 아울러 본 교재가 국내외에서 한국어 교육을 위해 노력을 아끼지 않는 많은 교사와 한국어 학습을 위해 노력하는 모든 학습자들에게 크게 도움이 되기를 바란다.

연세대학교 언어연구교육원

한국어학당 교재편찬위원회

일러두기

01 이 책은 <새 연세한국어 **어휘와 문법 1**>, <새 연세한국어 **듣기와 읽기 1**>과 함께 한국어 초급 학습자들을 위한 교재이다. 특히 <새 연세한국어 **어휘와 문법 1**>에서 배운 문형과 어휘를 활용해서 말하기와 쓰기의 표현 연습을 할 수 있도록 구성되었다.

02 이 책은 한국어 초급 학습자들이 한국어로 말하고 쓸 수 있는 능력을 키우기 위한 표현 능력 개발 교재이다.

03 이 책은 총 20과이며 각 과는 2개 항으로 구성되어 총 40개 항이 있다. 그리고 2개 과마다 복습을 할 수 있도록 복습 10개 항을 구성했다. 각 항은 각각 50분 수업 분량으로 이 책은 총 50개 항으로 구성되어있다. 그리고 2개 항마다 한국 문화에 대한 소개가 있다.

04 이 책의 각 항은 '제목, 학습목표, 준비해 봅시다, 이야기해 봅시다, 써 봅시다'로 구성되었다. 복습항은 선행 학습된 2개 과의 주제와 기능, 어휘와 문법을 활용할 수 있도록 3개의 과제로 구성되어 있다.

05 이 책의 각 과의 제목은 <새 연세한국어 **어휘와 문법 1**>과 동일하다. 각 항의 제목은 해당 항의 내용 중에서 학습목표를 드러낼 수 있는 대표적인 문장을 사용했다.

06 학습목표는 '-에 대해서 이야기할 수 있다, 설명할 수 있다, 소개할 수 있다'와 같이 표현 기능이 드러나도록 기술했다.

07 '준비해 봅시다'는 각 항의 들어가기에 해당된다. 삽화를 제시해서 학습자들의 이해를 돕고 2개의 질문을 통해서 각 항의 구체적인 내용을 예측해 볼 수 있도록 구성했다. 1과에서 5과까지는 2개의 질문이 모두 삽화와 관련된 것이다. 6과에서 20과까지는 삽화와 관련된 질문 1개와 학습자들의 상황에 맞춰 대답할 수 있는 질문 1개로 구성되어 있다.

08 '이야기해 봅시다'는 <새 연세한국어 **어휘와 문법 1**>에서 공부한 내용을 주제와 관련해서 말해 볼 수 있는 말하기 연습으로 구성되어 있다. 초급 학습자들의 흥미를 끌고 실제성을 높일 수 있도록 목표 말하기 상황이 드러나는 삽화를 제시했다. 또한 학습자들의 이해를 돕기 위해서 연습마다 전형적인 대화의 예시를 <보기>로 제시했다.

09 '써 봅시다'는 '쓰고 발표하십시오, 이야기하고 쓰십시오'와 같이 말하기 활동과 쓰기 활동을 연계한 연습으로 구성되어 있다. 말하기 연습의 대화뿐만 아니라 쓰기 연습의 예시도 <보기>로 제시해서 학습자들에게 도움을 주고자 했다.

10 '복습'은 3개의 연습으로 구성되어 있다. 앞선 2개 과에서 배운 어휘와 문법, 주제를 통합해서 길게 말하고 쓸 수 있는 연습으로 구성되어 있다.

11 '문화'는 한국의 문화를 소개하고 관련된 한국어 표현을 제시해서 학습자들이 활용할 수 있도록 구성했다.

12 모든 연습은 학습자들이 자신의 한국어 능력 수준에 맞춰 다양하게 표현할 수 있도록 정답이 하나가 아닌 열려 있는 질문으로 구성했다. 또한 자신의 상황으로 확장해서 연습할 수 있도록 일반적이고 전형적인 상황을 제시했다.

13 새로 나온 어휘는 해당 페이지의 하단에 제시했다. 또한 부록에 새로 나온 모든 어휘의 목록과 해당 어휘가 사용된 항을 제시해서 학습에 도움을 주고자 했다.

단원구성

과	제목	학습목표	표현	문화
한글	모음 연습 1			
	자음 연습 1~4			
	받침 연습 1~2			
1과 인사와 소개	1. 저는 미국 사람입니다	이름과 국적을 말하고 자기소개를 할 수 있다	입니다 은/는[1]	인사말
	2. 저는 학생이 아닙니다	자기를 소개하고 직업을 설명할 수 있다	입니까? 이/가 아닙니다	
2과 물건	1. 저것이 지도입니다	교실에 있는 물건을 소개할 수 있다	이, 그, 저 이/가	
	2. 저는 교과서가 있습니다	가지고 있는 물건을 설명할 수 있다	이/가 있습니다(없습니다) 도	
3과 학교	1. 도서관이 어디에 있습니까?	학교 시설물의 위치를 설명할 수 있다	에 있습니다(없습니다) 은/는[2]	한국의 학교
	2. 교실이 작습니다	학교 시설물에 대해서 설명할 수 있다	과/와(하고) -습니다, -습니까?	
4과 친구	1. 유키 씨가 일본에서 왔습니다	친구를 소개할 수 있다	에서 오다 을/를	
	2. 유키 씨가 집에서 음악을 듣습니다	다양한 장소에서 하는 일을 설명할 수 있다	에서 과/와 같이(하고 같이)	
5과 고향	1. 저는 고향에 가고 싶습니다.	하고 싶은 일을 설명할 수 있다	에 가다 -고 싶다	나이
	2. 경복궁은 조용하고 아름답습니다	장소와 사람의 특징을 설명할 수 있다	-지 않다 -고[1]	

과	제목	학습목표	표현	문화
6과 학교생활	1. 저는 오전에 한국어를 공부합니다	시간을 사용해서 일과를 설명할 수 있다	에[1] 부터 까지	나이
	2. 의자에 앉으십시오	학교생활을 이야기할 수 있다	-으십시오 -을까요?[1]	
7과 음식	1. 저는 한식을 좋아합니다	좋아하는 것을 말할 수 있다	무슨 ㄹ동사	한국인의 식사 예절
	2. 몇 인분 주문할까요?	음식을 주문하고 음식에 대해서 설명할 수 있다	-을까요?[2] -읍시다	
8과 하루 생활	1. 저는 내일 바쁘지 않아요	날짜와 요일을 말할 수 있다	이에요 -어요	
	2. 저는 아침을 먹고 학교에 가요	하루 일과를 설명할 수 있다	-고[2] ㄷ동사	
9과 주말	1. 저는 주말에 친구들과 같이 농구를 해요	주말 활동에 대해서 이야기할 수 있다	-으러 -지만	서울의 과거와 현재
	2. 저는 집에서 쉴 거예요	여러 가지 계획을 말할 수 있다	-을 거예요 ㅂ동사	
10과 과거 일	1. 저는 작년 8월 20일에 한국에 왔어요	과거의 일을 설명할 수 있다	-었어요 안	
	2. 일이 많아서 친구를 만나지 못했어요	하지 못한 일을 이유와 함께 설명할 수 있다	-지 못하다 -어서[1]	

차례

등장인물 | Main characters

에릭 파커
- 미국
- 어학당 학생
- 한국전자 직원

존 카마우
- 케냐
- 어학당 학생
- 교환학생

사토 유키
- 일본
- 어학당 학생
- 기자

리타오
- 중국
- 어학당 학생
- 대학 입학 예정자

노라 한슨
- 노르웨이
- 어학당 학생
- 대학원 입학 예정자

최주앙
- 브라질
- 어학당 학생
- 대학 휴학생

응웬 흐엉
- 베트남
- 어학당 학생

레오 마르탱
- 프랑스
- 어학당 학생
- 요리사

올리비아 스미스
- 호주
- 어학당 학생
- 외교관

이윤아
- 한국
- 대학생

정하늘
- 한국
- 대학생

김우진
- 한국
- 한국전자 직원

한글

모음 연습 1

1. 쓰십시오.

아								
어								
오								
우								
으								
이								
애								
에								
외								
위								

2. 다음 단어를 쓰십시오.

오

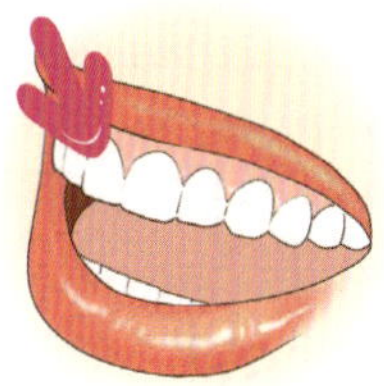

이

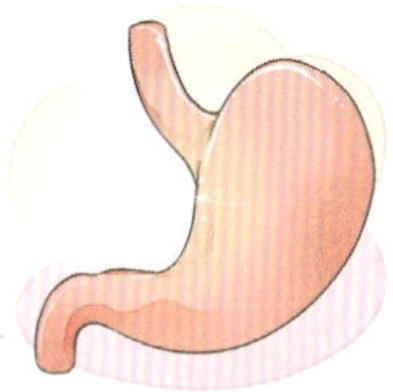

위

이

아 이

오 이

아 우

우 애

자음 연습 1

1. 쓰십시오.

모음 / 자음	아	어	오	우	으	이	애	에	외	위
ㄱ	가	거	고	구	그	기	개	게	괴	귀
ㄴ	나	너	노	누	느	니	내	네	뇌	뉘
ㄷ	다	더	도	두	드	디	대	데	되	뒤
ㄹ	라	러	로	루	르	리	래	레	뢰	뤼

2. 다음 단어를 쓰십시오.

개

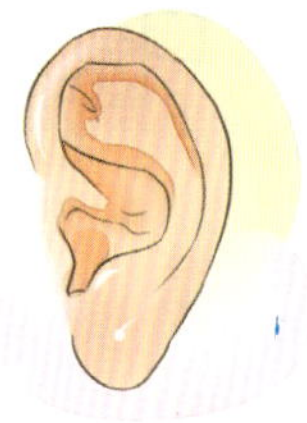

귀

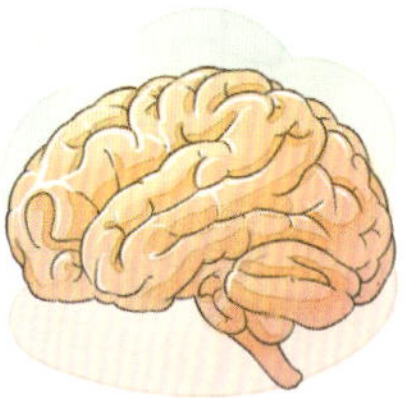

뇌

뒤

가 구

고 기

아 기

누 나

노 래

도 로

다리

구두

가게

나라

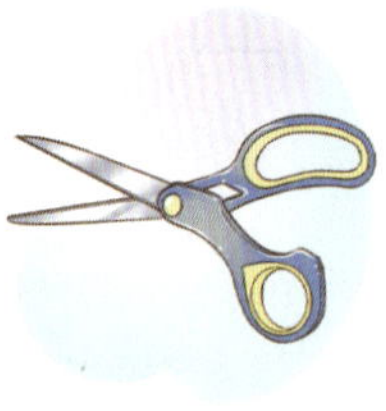

가위

거리

고래

개나리

그네

라디오

자음 연습 2

1. 쓰십시오.

모음 / 자음	아	어	오	우	으	이	애	에	외	위
ㅁ	마	머	모	무	므	미	매	메	뫼	뮈
ㅂ	바	버	보	부	브	비	배	베	뵈	뷔
ㅅ	사	서	소	수	스	시	새	세	쇠	쉬
ㅈ	자	저	조	주	즈	지	재	제	죄	쥐

2. 다음 단어를 쓰십시오.

새

쥐

머리

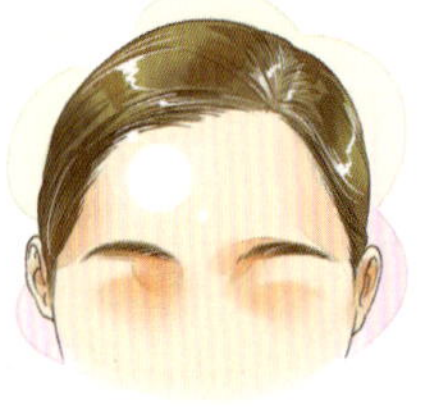

이마

모자

바지

개미

바다

비누

두부

수 저

배 우

모 래

어 머 니

지 구

아 버 지

주 스

바 나 나

소 리

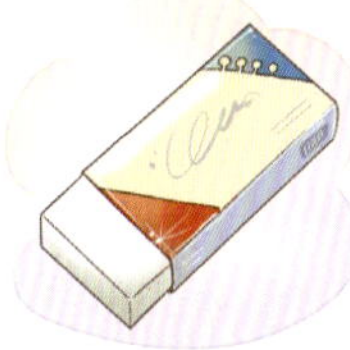

지 우 개

자음 연습 3

1. 쓰십시오.

모음 / 자음	아	어	오	우	으	이	애	에	외	위
ㅊ	차	처	초	추	츠	치	채	체	최	취
ㅋ	카	커	코	쿠	크	키	캐	케	쾨	퀴
ㅌ	타	터	토	투	트	티	태	테	퇴	튀
ㅍ	파	퍼	포	푸	프	피	패	페	푀	퓌
ㅎ	하	허	호	후	흐	히	해	헤	회	휘

2. 다음 단어를 쓰십시오.

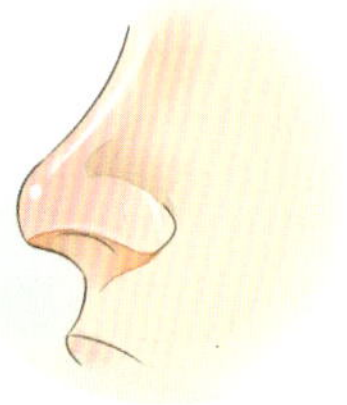

코

기 차

고 추

치 마

채 소

부 츠

조 카

커 피

파 리

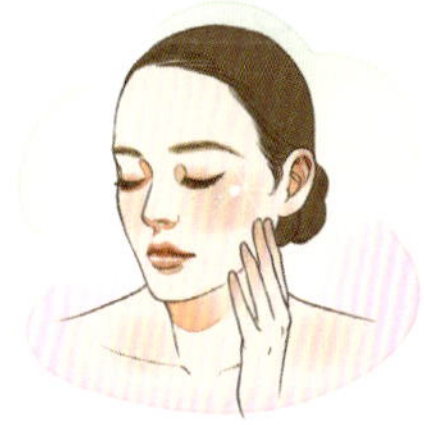

피 부

외투

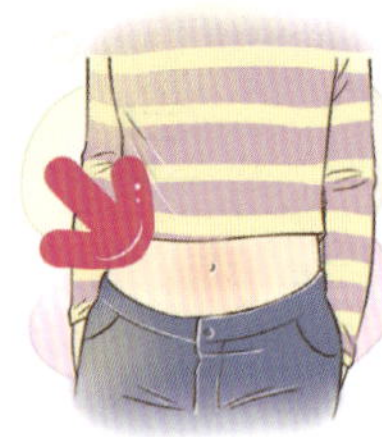

허리

회

케이크

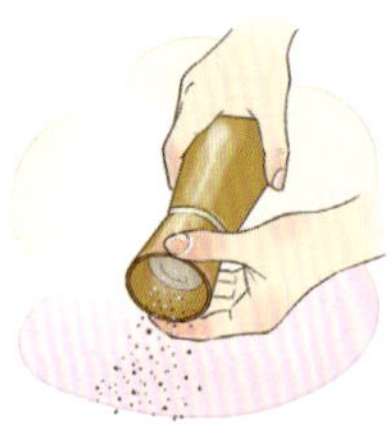

후추

카메라

하마

피아노

호두

테니스

모음 연습 2

1. 쓰십시오.

야								
여								
요								
유								
얘								
예								
와								
왜								
워								
웨								
의								

2. 다음 단어를 쓰십시오.

우 유

야 구

여 우

요 가

여 자

여 기

의 자

예 의

얘 기

기 와

과 자

시 계

돼 지

화 가

휴 가

세 계

교 회

샤 워

야 유 회

웨 이 터

자음 연습 4

1. 쓰십시오.

자음 \ 모음	아	어	오	우	으	이	애	에	외	위
ㄲ	까	꺼	꼬	꾸	끄	끼	깨	께	꾀	뀌
ㄸ	따	떠	또	뚜	뜨	띠	때	떼	뙤	뛰
ㅃ	빠	뻐	뽀	뿌	쁘	삐	빼	뻬	뾔	쀠
ㅆ	싸	써	쏘	쑤	쓰	씨	쌔	쎄	쐬	쒸
ㅉ	짜	쩌	쪼	쭈	쯔	찌	째	쩨	쬐	쮜

2. 다음 단어를 쓰십시오.

아 빠

오 빠

꼬 마

뽀 뽀

꼬 리

뿌 리

짜 다

따 다

토 끼

까 치

끄 다

삐 다

싸 다

찌 다

아 저 씨

빠 르 다

때 리 다

예 쁘 다

코 끼 리

꾀 꼬 리

1. 쓰십시오.

	아	어	오	우	으	이	애	에	외	위
ㄱ	가									
ㄴ		너								
ㄷ			도							
ㄹ				루						
ㅁ					므					
ㅂ						비				
ㅅ							새			
ㅇ								에		
ㅈ									죄	
ㅊ										취
ㅋ									쾨	
ㅌ								테		
ㅍ							패			
ㅎ						히				

한글

	야	여	요	유	얘	예	와	왜	워	웨	의
ㄱ											긔
ㄴ										눼	
ㄷ									둬		
ㄹ								뢔			
ㅁ							뫄				
ㅂ						볘					
ㅅ					섀						
ㅇ				유							
ㅈ			죠								
ㅊ		쳐									
ㅋ	캬										
ㅌ		텨									
ㅍ			표								
ㅎ				휴							

받침 연습 1

1. 쓰십시오.

	가	나	다	라	마	바	사
ㄱ	각	낙	닥	락	막	박	삭
ㄴ	간						
ㄷ	갇						
ㄹ	갈						
ㅁ	감						
ㅂ	갑						
ㅅ	갓						
ㅇ	강						
ㅈ	갖						
ㅊ	갗						
ㅋ	갘						
ㅌ	같						
ㅍ	갚						
ㅎ	갛						
ㄲ	갂						
ㅆ	갔						

	아	자	차	카	타	파	하
ㄱ	악	작	착	칵	탁	팍	학
ㄴ	안						
ㄷ	앋						
ㄹ	알						
ㅁ	암						
ㅂ	압						
ㅅ	앗						
ㅇ	앙						
ㅈ	앚						
ㅊ	앛						
ㅋ	앜						
ㅌ	앝						
ㅍ	앞						
ㅎ	앟						
ㄲ	앆						
ㅆ	았						

2. 다음 단어를 쓰십시오.

	학	교		낚	시
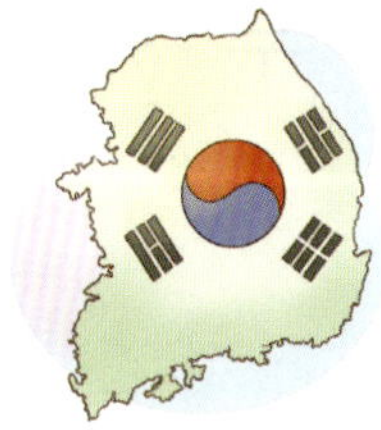	한	국		듣	다
	달	력		김	밥
	씻	다		옷	장
	냉	면		낮	잠

한글 ....

꽃병

부엌

햇볕

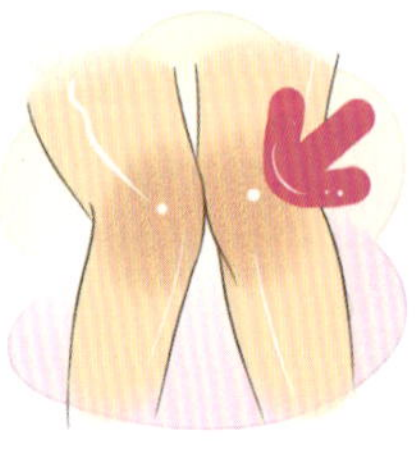

무릎

히읗

있다

선생님

관광객

경찰관

설렁탕

받침 연습 2

1. 쓰십시오.

받침	소리	단어			
ㄳ	ㄱ	몫			
ㄺ		읽	다		
ㄵ	ㄴ	앉	다		
ㄶ		않	다		
ㄼ	ㄹ	넓	다		
ㄽ		외	곬		
ㄾ		훑	다		
ㅀ		잃	다		
ㄻ	ㅁ	젊	다		
ㄼ	ㅂ	밟	다		
ㄿ		읊	다		
ㅄ		없	다		

2. 다음 단어를 쓰십시오.

품삯

얹다

많다

끊다

찰흙

긁다

밝다

맑다

닭장

수탉

여덟

짧다

얇다

끓다

뚫다

앓다

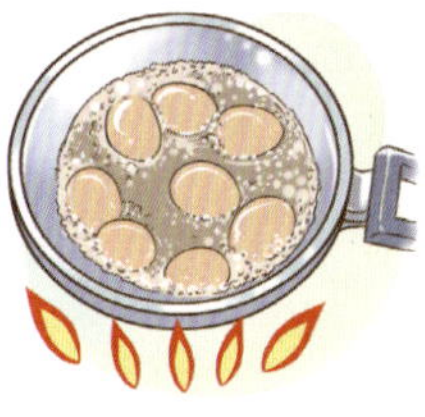

삶다

닮다

물곬

옷값

새 연세한국어

말하기와 쓰기 1-1

01과

인사와 소개

1. 저는 미국 사람입니다

• 학습목표: 이름과 국적을 말하고 자기소개를 할 수 있다.

Ⅰ. 준비해 봅시다

- 어디입니까?
- 어느 나라 사람입니까?

Ⅱ. 이야기해 봅시다

1 그림을 보고 보기 와 같이 이야기하십시오.

보기

한국 사람입니다. 김민호입니다.

국적 이름 한국 중국 미국 영국 일본 자메이카 프랑스 케냐 인도 사람

2 그림을 보고 보기 와 같이 쓰고 이야기하십시오.

보기

에릭 씨입니다. 에릭 씨는 미국 사람입니다.

연습하기

1. ______입니다. ______은/는 ______ 사람입니다.
2. ______입니다. ______은/는 ______ 사람입니다.
3. ______입니다. ______은/는 ______ 사람입니다.
4. ______입니다. ______은/는 ______ 사람입니다.
5. ______입니다. ______은/는 ______ 사람입니다.
6. ______입니다. ______은/는 ______ 사람입니다.
7. ______입니다. ______은/는 ______ 사람입니다.
8. ______입니다. ______은/는 ______ 사람입니다.

씨 베트남 호주 노르웨이 브라질

III. 써 봅시다

1 보기 와 같이 자기소개를 쓰고 발표하십시오.

보기

안녕하십니까? 처음 뵙겠습니다.

제 이름**은** 에릭 파커**입니다**.

저**는** 미국 사람**입니다**.

반갑습니다.

안녕하십니까 처음 뵙겠습니다 제 저 반갑다

01과 인사와 소개

2. 저는 학생이 아닙니다

• 학습목표: 자기를 소개하고 직업을 설명할 수 있다.

Ⅰ. 준비해 봅시다

• 누구입니까?
• 직업이 무엇입니까?

Ⅱ. 이야기해 봅시다

1 그림을 보고 보기 와 같이 질문하고 대답하십시오.

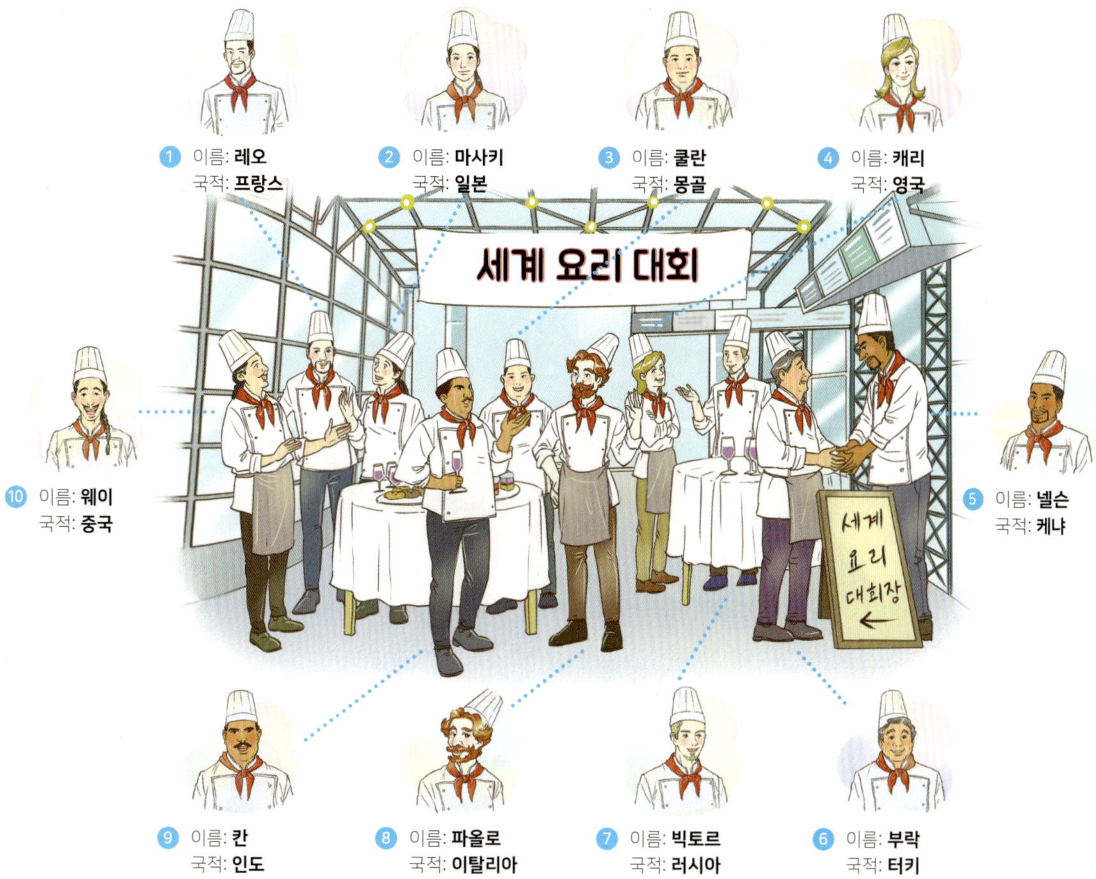

보기

마사키: 안녕하십니까?
레　오: 네, 안녕하십니까? 처음 뵙겠습니다.
마사키: 저는 마사키입니다. 이름이 무엇입니까?
레　오: 저는 레오입니다.
마사키: 레오 씨는 어느 나라 사람입니까?
레　오: 저는 프랑스 사람입니다.
마사키: 반갑습니다.

몽골　이탈리아　러시아　터키　무엇　어느　나라　네

2 그림을 보고 보기 와 같이 반 친구를 소개하십시오.

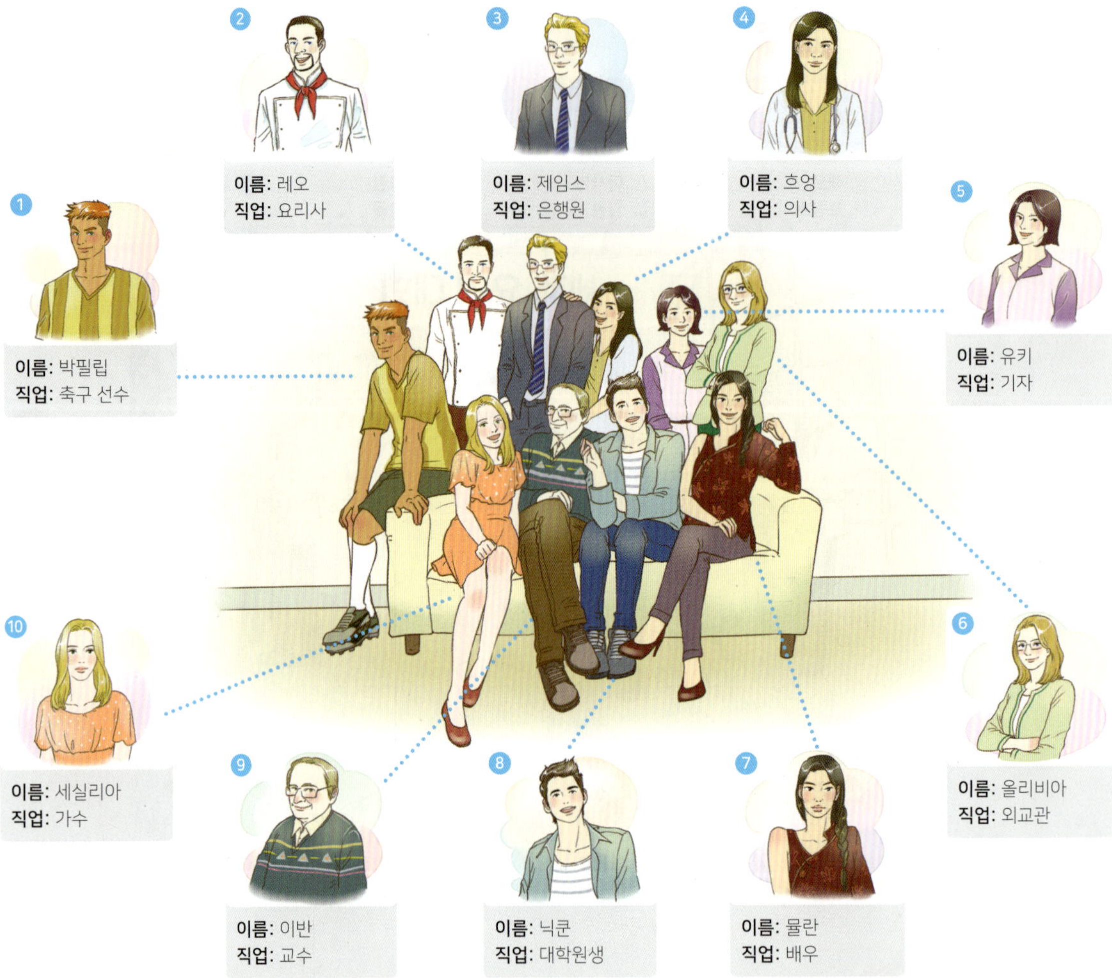

보기

친구: 누구입니까?

에릭: 제 친구 박필립 씨입니다.

친구: 박필립 씨는 학생입니까?

에릭: 아니요, 학생이 아닙니다. 축구선수입니다.

친구: 아, 그렇습니까?

직업 축구 선수 요리사 은행원 의사 기자 외교관 가수 교수
대학원생 배우 누구 친구 아니요 그렇다

III. 써 봅시다

친구를 그리고 보기 와 같이 친구 소개를 쓰십시오.

이름: 유미
국적: 일본
직업: 회사원

제 친구 이름은 유미입니다.
제 친구는 한국 사람**이 아닙니다.**
일본 사람입니다.
유미 씨는 학생**이 아닙니다.**
회사원입니다.

연습하기

이름:
국적:
직업:

02과

물건

1. 저것이 지도입니다

• 학습목표: 교실에 있는 물건을 소개할 수 있다.

Ⅰ. 준비해 봅시다

- 여기가 어디입니까?
- 무엇입니까?

1. 이야기해 봅시다

1 보기 와 같이 이야기하십시오.

보기

유키: 그것이 무엇입니까?

에릭: 이것이 지우개입니다.

유키: 그럼 저것이 무엇입니까?

에릭: 저것이 지도입니다.

그것 이것 지우개 그럼 저것 지도

2 보기 와 같이 쓰고 이야기하십시오.

보기

에릭: 이 모자가 제 모자입니다.

연습하기

1. 유 키: 이 ______ 이/가 제 ______ 입니다.
2. 리타오: 이 ______ 이/가 제 ______ 입니다.
3. 흐 엉: 이 ______ 이/가 제 ______ 입니다.
4. 노 라: 이 ______ 이/가 제 ______ 입니다.
5. 존 : 이 ______ 이/가 제 ______ 입니다.

이 모자

보기 와 같이 이야기하십시오.

보기

선생님: 이 모자가 유키 씨 모자입니까?

학생들: 아니요, 그 모자는 유키 씨 모자가 아닙니다.
에릭 씨 모자입니다.

그

Ⅲ. 써 봅시다

보기 와 같이 쓰고 발표하십시오.

보기

안녕하십니까? 저는 유키입니다. 저는 일본 사람입니다.
여기**가** 우리 교실입니다. **이것이** 제 책상입니다.
이것이 제 교과서입니다.
이 사람**이** 에릭 씨입니다. 미국 사람입니다.
이것이 에릭 씨 책상입니다. **이** 시계**가** 에릭 씨 시계입니다.
저것이 선생님 책상입니다. **저것이** 선생님 교과서입니다.

여기 우리 교실 책상 교과서 시계 선생님

연습하기

안녕하십니까? 저는 흐엉입니다.

02과 물건

2. 저는 교과서가 있습니다

• 학습목표: 가지고 있는 물건을 설명할 수 있다.

Ⅰ. 준비해 봅시다

- 누가 있습니까?
- 무엇이 있습니까?

I. 이야기해 봅시다

1 보기 와 같이 이야기하십시오.

1 가방	2 휴대 전화	3 교과서	4 필통
5 연필	6 지우개	7 지갑	8 학생증
9 외국인 등록증	10 돈	11 화장품	12 휴지

보기

유키: 에릭 씨, 교과서가 있습니까?
에릭: 네, 저는 교과서가 있습니다.
유키: 시계가 있습니까?
에릭: 아니요, 저는 시계가 없습니다.

가방 휴대 전화 필통 연필 지갑 학생증 외국인 등록증 돈 화장품 휴지 있다 없다

2 보기 와 같이 이야기하십시오.

보기

마크: 책상이 있습니까?

리나: 네, 책상이 있습니다.

마크: 옷걸이도 있습니까?

리나: 네, 옷걸이도 있습니다.

마크: 가방도 있습니까?

리나: 아니요, 없습니다.

옷걸이

III. 써 봅시다

여러분의 방을 그리고 보기 와 같이 쓰고 발표하십시오.

보기

여기가 제 방입니다.
책상, 의자**가 있습니다**.
가방, 책, 공책**도 있습니다**.
침대**가 없습니다**.

연습하기

방 의자 공책 침대

복습 1-2과

1 다음 문장을 사용해서 대화를 완성하십시오.

직업이 무엇입니까?	어느 나라 사람입니까?	반갑습니다.
이름이 무엇입니까?	안녕하십니까?	

흐엉: ______________.
레오: 네, 안녕하십니까?
흐엉: ______________.
레오: 제 이름은 레오입니다.
흐엉: ______________.
레오: 프랑스 사람입니다.
흐엉: ______________.
레오: 요리사입니다.
흐엉: ______________.
레오: 네, 저도 반갑습니다.

이름: 레오
국적: 프랑스
직업: 요리사

• 그림을 보고 위와 같이 서로 소개하십시오.

이름: 세실리아
국적: 노르웨이
직업: 가수

이름: 유키
국적: 일본
직업: 기자

이름: 에릭
국적: 미국
직업: 회사원

이름: 닉쿤
국적: 태국
직업: 대학원생

2 그림을 보고 보기 와 같이 이야기하십시오.

보기

유키: 여기가 우리 교실입니다.

마크: 달력이 있습니까?

유키: 네, 달력이 있습니다.

마크: 시계도 있습니까?

유키: 네, 시계도 있습니다.

마크: 이것이 유키 씨 필통입니까?

유키: 아니요, 그것이 제 필통이 아닙니다.

미나 씨 필통입니다.

3 다음 질문으로 친구와 이야기하십시오. 그리고 보기 와 같이 쓰고 발표하십시오.

- 이름이 무엇입니까?
- 어느 나라 사람입니까?
- 직업이 무엇입니까?
- 이것/그것/저것이 무엇입니까?
- 이것/그것/저것이 ______ 입니까?
- 그 ______ 이/가 ______ 씨 ______ 입니까?
- 누가 ______ 입니까?
- ______ 이/가 있습니까? ______ 도 있습니까?

보기

제 이름은 최주앙입니다.
저는 브라질 사람입니다.
연세대학교 한국어학당 학생입니다.
저는 미국 친구가 있습니다.
일본 친구도 있습니다.
제 일본 친구 이름이 유키입니다.
유키 씨는 기자입니다.

문화

인사말

한국어는 상황에 따라 쓰는 인사말이 아주 다양합니다.
인사를 할 때는 고개를 숙여서 인사하면서 말합니다.
한국의 여러 인사말을 연습해 봅시다.

상황	인사말
만났을 때 하는 인사말	안녕하십니까? 잘 지내셨습니까?
헤어질 때 하는 인사말	안녕히 계십시오. 안녕히 가십시오.
고마울 때 하는 인사말	고맙습니다. 감사합니다.
미안할 때 하는 인사말	미안합니다. 죄송합니다.
처음 만나는 사람에게 하는 인사말	처음 뵙겠습니다. 만나서 반갑습니다.
식사 때 하는 인사말	잘 먹겠습니다. 잘 먹었습니다.
손님이 왔을 때 하는 인사말	어서 오십시오.
잠자기 전에 하는 인사말	안녕히 주무십시오.

03과

학교

1. 도서관이 어디에 있습니까?

• 학습목표: 학교 시설물의 위치를 설명할 수 있다.

Ⅰ. 준비해 봅시다

• 어디입니까?
• 무엇이 있습니까?

Ⅱ. 이야기해 봅시다

1 그림을 보고 보기 와 같이 이야기하십시오.

보기

하늘: 도서관이 어디에 있습니까?

윤아: 학생회관 앞에 있습니다.

도서관 학생회관 수영장 은행 식당 서점 병원 정문 기숙사
한국어학당 어디 앞

2 학생들이 어디에 있습니까? 그림을 보고 보기 와 같이 이야기하십시오.

보기

하늘: 노라 씨가 어디에 있습니까?

윤아: 노라 씨가 교실에 있습니다.

하늘: 교실이 어디에 있습니까?

윤아: 교실은 4층에 있습니다.

하늘: 유키 씨도 교실에 있습니까?

윤아: 아니요, 유키 씨는 1층 커피숍에 있습니다.

커피숍　편의점　강당　복사실　사무실　컴퓨터실　층

III. 써 봅시다

1 여러분의 집 약도를 그리십시오. 보기 와 같이 쓰고 발표하십시오.

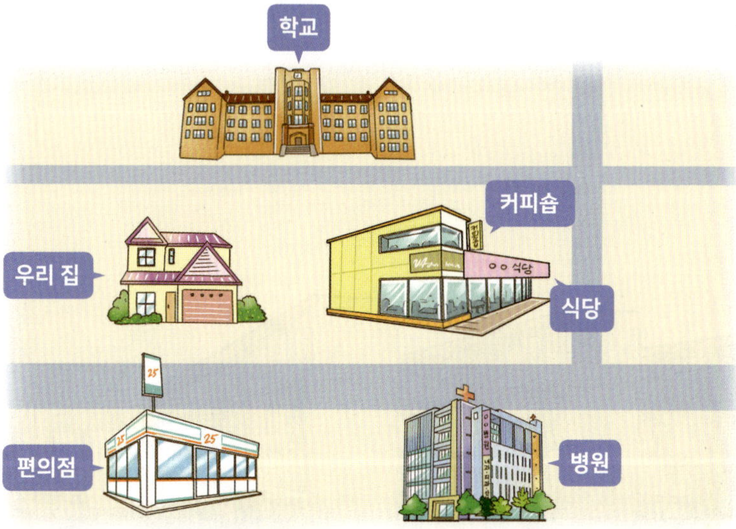

보기

여기는 우리 집입니다.
우리 집 앞**에** 편의점이 **있습니다**.
편의점 옆**에** 병원이 **있습니다**.
우리 집 옆**에** 식당이 **있습니다**.
식당 위**에** 커피숍이 **있습니다**.
우리 집 뒤**에** 학교가 **있습니다**.

연습하기

집 학교 옆 위 뒤

03과 학교

2. 교실이 작습니다

• 학습목표: 학교 시설물에 대해서 설명할 수 있다.

Ⅰ. 준비해 봅시다

- 여기가 어디입니까?
- 여기가 어떻습니까?

Ⅰ. 이야기해 봅시다

1 지도를 보고 보기 와 같이 이야기하십시오.

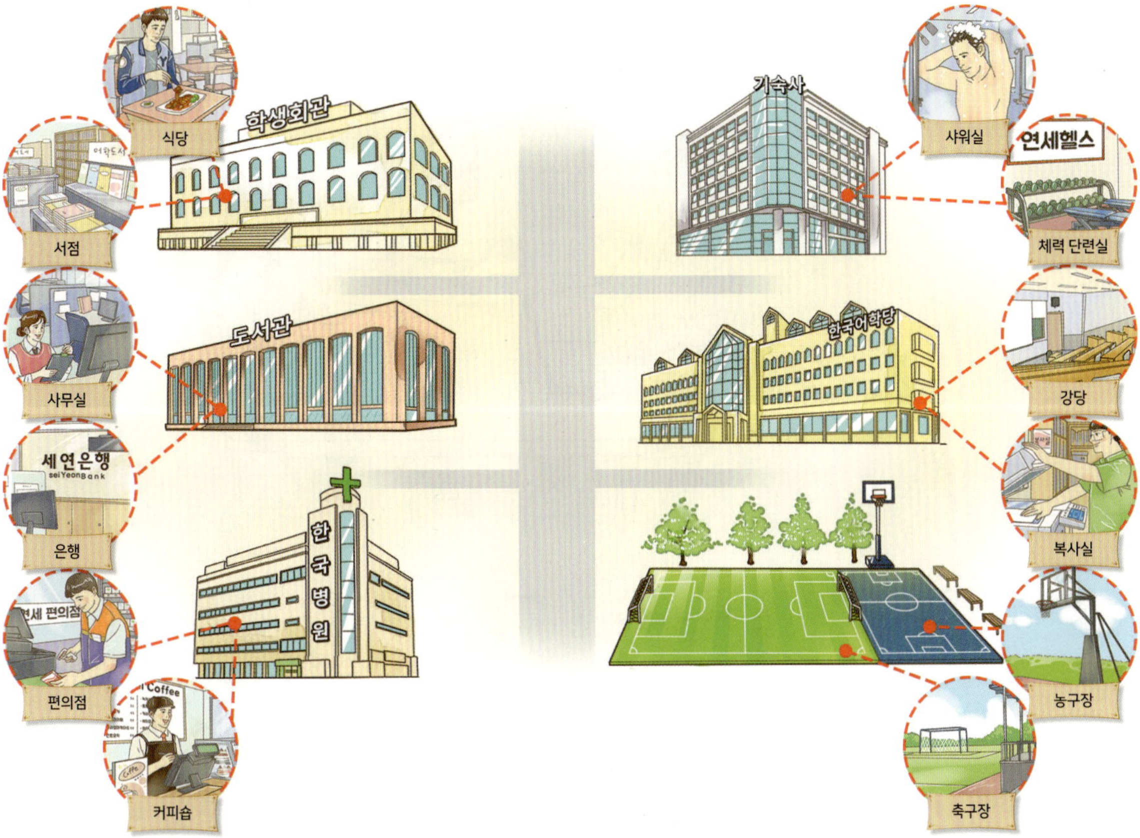

보기

리나: 이 학교에 학생회관이 있습니까?

존 : 네, 있습니다.

리나: 학생회관에 무엇이 있습니까?

존 : 식당과 서점이 있습니다.

체력 단련실 샤워실 운동장 농구장 축구장

2 교실이 어떻습니까? 보기 와 같이 이야기하십시오. 그리고 여러분의 교실에 대해서 이야기하십시오.

유키 교실

주앙 교실

보기

주앙: 유키 씨 교실이 작습니까?

유키: 네, 작습니다.

주앙: 학생이 많습니까?

유키: 아니요, 학생이 적습니다.

주앙: 교실이 시원합니까?

유키: 네, 교실이 아주 시원합니다.

Ⅲ. 써 봅시다

여러분의 학교에 대해서 보기와 같이 쓰고 발표하십시오.

보기

우리 학교는 신촌에 **있습니다**.
학교에 운동장**하고** 도서관이 **있습니다**.
운동장이 아주 **큽니다**.
도서관 옆에 학생회관이 **있습니다**.
학생회관에 식당**과** 서점이 **있습니다**.
은행**과** 우체국도 **있습니다**.
은행에 사람이 **많습니다**.

연습하기

작다 학생 많다 적다 아주 시원하다 신촌 크다 우체국

04과

친구

1. 유키 씨가 일본에서 왔습니다

• 학습목표: 친구를 소개할 수 있다.

Ⅰ. 준비해 봅시다

• 유키 씨가 어디에 있습니까?
• 유키 씨가 무엇을 합니까?

I. 이야기해 봅시다

1 사람들이 무엇을 합니까? 쓰고 이야기하십시오.

연습하기

여기는 극장입니다. 극장에 친구들이 있습니다. 에릭 씨가 시계를 봅니다.

유키 씨가 ______

리타오 씨가 ______

존 씨가 ______

주앙 씨가 ______

흐엉 씨가 ______

노라 씨가 ______

극장 들 보다

2 그림을 보고 보기 와 같이 이야기하십시오.

보기

마크: 리나 씨 반에 일본 사람이 있습니까?

리나: 네, 우리 반에 일본 사람이 있습니다.
유키 씨가 일본에서 왔습니다.

마크: 누가 유키 씨입니까?

리나: 유키 씨가 문 앞에 있습니다.
우유를 마십니다.

반 누가 문 우유 마시다

III. 써 봅시다

보기 와 같이 친구와 이야기하십시오.

보기

마이클: 안나 씨, 어느 나라 사람입니까?
안 나: 저는 미국 사람입니다.
마이클: 미국 어디에서 왔습니까?
안 나: 미국 뉴욕에서 왔습니다.
마이클: 회사원입니까?
안 나: 아니요, 학생입니다.
한국말을 공부합니다.

보기 와 같이 쓰고 친구를 소개하십시오.

보기

제 친구 안나 씨는 미국 사람입니다.
안나 씨는 미국 뉴욕**에서 왔습니다**.
안나 씨는 학생입니다.
한국말**을** 공부합니다.

연습하기

뉴욕 회사원 한국말 공부하다

04과 친구

2. 유키 씨가 집에서 음악을 듣습니다

• 학습목표: 다양한 장소에서 하는 일을 설명할 수 있다.

Ⅰ. 준비해 봅시다

• 어디입니까?

• 사람들이 무엇을 합니까?

Ⅱ. 이야기해 봅시다

1 보기 와 같이 이야기하십시오.

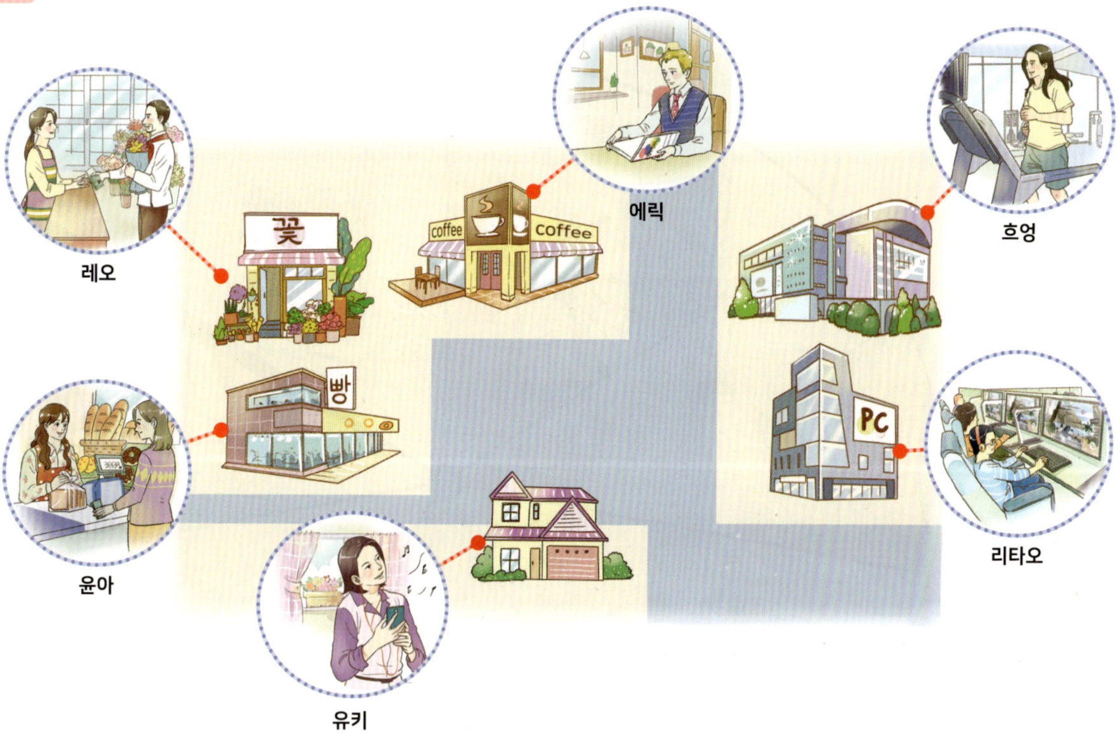

유키	체육관	게임을 하다
윤아	피시방	운동하다
레오	커피숍	꽃을 사다
에릭	집	아르바이트하다
흐엉	꽃집	공부하다
리타오	빵집	음악을 듣다

보기

마크: 유키 씨가 어디에 있습니까?
리나: 유키 씨가 집에 있습니다.
마크: 유키 씨가 집에서 무엇을 합니까?
리나: 유키 씨가 집에서 음악을 듣습니다.

체육관 피시방 꽃집 빵집 게임 운동하다 꽃 사다 아르바이트하다
음악 듣다

2 보기 와 같이 이야기하십시오.

보기

마크: 노라 씨가 무엇을 합니까?

리나: 노라 씨가 공부를 합니다.

마크: 노라 씨가 어디에서 공부를 합니까?

리나: 노라 씨가 교실에서 공부를 합니다.

마크: 노라 씨가 혼자 공부를 합니까?

리나: 아니요, 노라 씨가 리타오 씨와 같이 공부를 합니다.

공부　혼자

III. 써 봅시다

여러분은 날마다 무엇을 합니까? 보기 와 같이 쓰고 발표하십시오.

보기

저는 집**에서** 밥을 먹습니다.
동생**과 같이** 밥을 먹습니다.
저는 도서관**에서** 혼자 책을 읽습니다.
저는 체육관**에서** 친구**와 같이** 운동합니다.
저는 집**에서** 숙제합니다.
숙제가 많습니다.

연습하기

밥 먹다 동생 책 읽다 숙제하다 숙제

복습 3-4과

1 노라 씨 물건이 어디에 있습니까?

노라 씨 물건: 시계 필통 휴대전화 컵 베개 모자

보기

가: 시계가 어디에 있습니까?

나: 시계가 책상 위에 있습니다.

• 리타오 씨 물건이 어디에 있습니까?

리타오 씨 물건: 슬리퍼 달력 수건 지갑 양말 이불

보기

가: 슬리퍼가 어디에 있습니까?

나: 슬리퍼가 책상 아래에 있습니다.

컵 베개 달력 슬리퍼 수건 양말 이불 아래

2 그림을 보고 보기 와 같이 이야기하십시오.

보기

하늘: 이 분이 누구입니까?

노라: 제 친구 에릭 씨입니다.

하늘: 에릭 씨가 어느 나라 사람입니까?

노라: 에릭 씨는 미국에서 왔습니다.

하늘: 에릭 씨가 한국에서 무엇을 합니까?

노라: 에릭 씨는 한국에서 일합니다.

하늘: 에릭 씨가 어디에서 일합니까?

노라: 에릭 씨는 한국 회사에서 일합니다.
그리고 한국어학당에서 저와 같이 한국말을 배웁니다.

보기 와 같이 쓰십시오.

보기

이 사람은 제 친구 에릭 씨입니다. 에릭 씨는 미국에서 왔습니다.
회사원입니다. 에릭 씨는 한국 회사에서 일합니다.
그리고 한국어학당에서 저와 같이 한국말을 배웁니다.

분 회사 일하다 호텔 신문 그리고 배우다

3 다음 질문으로 친구와 이야기하십시오. 그리고 보기 와 같이 쓰고 발표하십시오.

- ______씨, 어디에서 한국말을 배웁니까?
- 누가 한국말을 가르칩니까?
- 보통 어디에서 숙제합니까?
- ______이/가 ______습니까/ㅂ니까?
- ______이/가 어디에 있습니까?
- ______ 근처에 무엇이 있습니까?
- ______ 근처에 ______도 있습니까?
- ______씨, 친구와 같이 무엇을 합니까?

보기

저는 한국어학당에서 한국어를 배웁니다.
김 선생님이 한국어를 가르칩니다.
저는 보통 하숙집에서 숙제합니다.
하숙집이 조용합니다.
하숙집은 신촌에 있습니다.
하숙집 근처에 서점과 백화점이 있습니다. 은행도 있습니다.
저는 친구와 같이 커피를 마십니다. 그리고 친구와 같이 공부합니다.

가르치다 근처 보통 하숙집 조용하다 커피 한국어 백화점

문화

한국의 학교

한국의 학교는 기본적으로 초등학교 6년, 중학교 3년, 고등학교 3년, 대학교 4년인 6-3-3-4학제입니다. 초등학교와 중학교는 국가의 의무교육 과정이고, 초등학교는 보통 만 7세에 입학합니다. 모든 학교가 3월에 새 학기를 시작하고 다음 해 2월 초에 1년 과정이 끝납니다. 1년에 두 학기가 있고 여름방학, 겨울방학, 봄방학이 있습니다.

한국 사람들이 '**학생입니까?**', '**어느 학교에 다닙니까?**', '**몇 학년입니까?**'라고 물으면 '**대학생입니다.**', '**연세대학교에 다닙니다.**', '**1학년입니다.**'라고 대답하십시오.

학교	학년
어린이집/유치원	
초등학교	1학년
	2학년
	3학년
	4학년
	5학년
	6학년
중학교	1학년
	2학년
	3학년
고등학교	1학년
	2학년
	3학년
대학교	1학년
	2학년
	3학년
	4학년

05과 고향

1. 저는 고향에 가고 싶습니다

• 학습목표: 하고 싶은 일을 설명할 수 있다.

Ⅰ. 준비해 봅시다

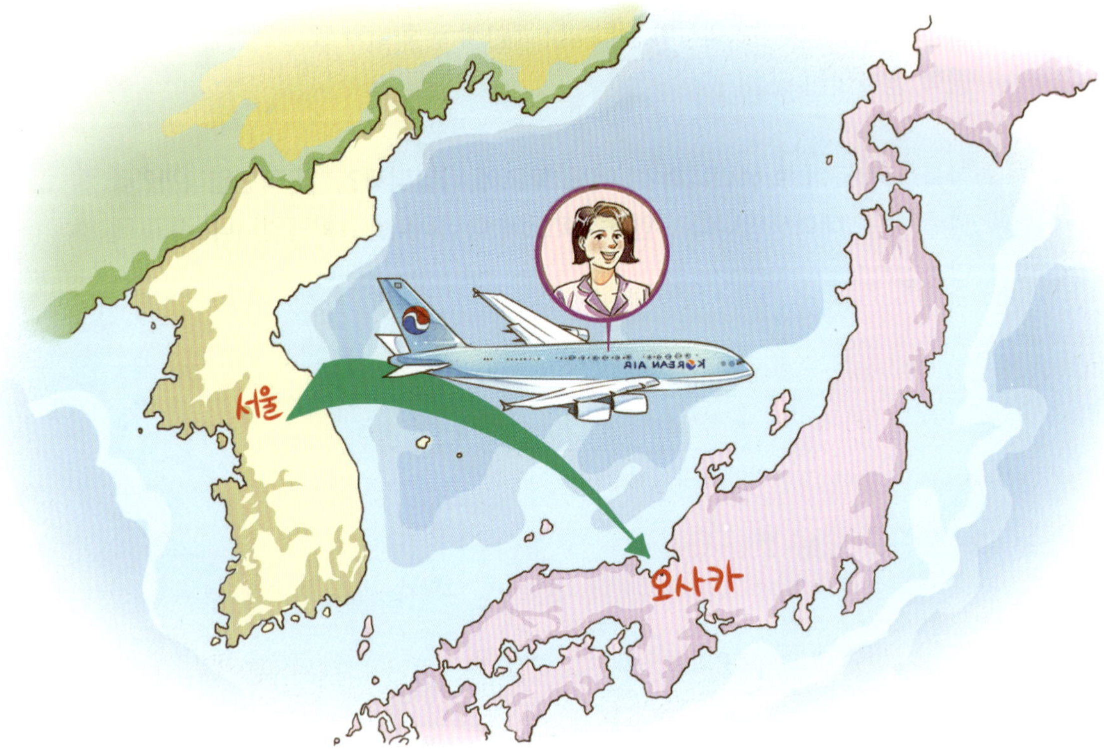

- 유키 씨가 어디에 갑니까?
- 유키 씨 고향은 어디입니까?

I. 이야기해 봅시다

1 보기 와 같이 친구와 이야기하십시오.

보기

하늘: 윤아 씨, 지금 어디에 갑니까?
윤아: 경주에 갑니다.
하늘: 경주가 고향입니까?
윤아: 아니요, 제 고향은 제주도입니다.

서울역 지금 가다 고향 경주 제주도

2 보기 와 같이 친구와 이야기하십시오.

보기

하늘: 마크 씨, 무엇을 하고 싶습니까?
마크: 저는 고향에 가고 싶습니다.
하늘: 고향이 어디입니까?
마크: 미국 뉴욕입니다.
하늘: 고향에서 무엇을 하고 싶습니까?
마크: 가족과 같이 여행을 하고 싶습니다.

친구가 무엇을 하고 싶어 합니까? 보기 와 같이 이야기하십시오.

보기

흐엉: 하늘 씨, 마크 씨가 무엇을 하고 싶어 합니까?
하늘: 마크 씨가 고향에 가고 싶어 합니다.
흐엉: 마크 씨가 고향에서 무엇을 하고 싶어 합니까?
하늘: 마크 씨가 가족과 같이 여행을 하고 싶어 합니다.

가족 여행

Ⅲ. 써 봅시다

보기 와 같이 쓰고 발표하십시오.

보기

저는 유키입니다. 제 고향은 일본 오사카입니다.

저는 고향**에 가고 싶습니다.** 가족을 만나**고 싶습니다.**

고향에서 가족과 같이 고향 음식을 먹**고 싶습니다.**

그리고 고향 친구도 만나**고 싶습니다.**

고향 친구와 같이 이야기하**고 싶습니다.**

친구에 대해서 보기 와 같이 쓰고 발표하십시오.

보기

유키 씨는 제 친구입니다. 유키 씨 고향은 일본 오사카입니다.

유키 씨는 고향에 가**고 싶어 합니다.** 가족을 만나**고 싶어 합니다.**

고향에서 가족과 같이 고향 음식을 먹**고 싶어 합니다.**

그리고 고향 친구도 만나**고 싶어 합니다.**

고향 친구와 같이 이야기하**고 싶어 합니다.**

오사카　만나다　음식　이야기하다

05과 고향

2. 경복궁이 조용하고 아름답습니다

• 학습목표: 장소와 사람의 특징을 설명할 수 있다.

Ⅰ. 준비해 봅시다

• 여기가 어디입니까?

• 여기가 어떻습니까?

I. 이야기해 봅시다

1 그림을 보고 보기 와 같이 이야기 하십시오.

보기

안나: 미선 씨, 고향이 어디입니까?

미선: 제 고향은 서울입니다.

안나: 서울에 무엇이 있습니까?

미선: 서울에 롯데월드하고 경복궁이 있습니다.

안나: 경복궁이 어떻습니까?

미선: 경복궁이 조용하고 아름답습니다.

서울 롯데월드 경복궁 인천 공항 차이나타운 한라산 해수욕장 속초
설악산 바다 불국사 호수 부산 해운대 시장 아름답다 어떻다

2 친구 고향이 어디입니까? 보기 와 같이 '네', '아니요'로 대답할 수 있는 질문을 하십시오.

보기

에릭: 윤아 씨 고향에 바다가 있습니까?
윤아: 네, 바다가 있습니다.
에릭: 날씨가 춥습니까?
윤아: 아니요, 춥지 않습니다.
에릭: 윤아 씨 고향이 부산입니까?
윤아: 아니요, 부산이 아닙니다.
에릭: 고향에 공항이 있습니까?
윤아: 네, 공항도 있습니다.
에릭: 윤아 씨 고향이 제주도입니까?
윤아: 네, 제 고향이 제주도입니다.

산　춥다

Ⅲ. 써 봅시다

여러분의 고향은 어떻습니까? 친구와 이야기하십시오.

- 고향이 어디입니까?
- 고향 날씨가 어떻습니까?
- 고향 사람들이 어떻습니까?
- 고향에 무엇이 있습니까? 그것이 어떻습니까?
- 고향 친구 이름이 무엇입니까? 그 친구는 어떻습니까?
- 고향에서 무엇을 하고 싶습니까?

여러분의 고향에 대해서 보기 와 같이 쓰고 발표하십시오.

보기

저는 이탈리아에서 왔습니다. 제 고향은 이탈리아 나폴리입니다. 나폴리는 날씨가 춥**지 않습니다.** 나폴리는 바다가 아름답**고** 음식이 아주 맛있습니다. 나폴리 피자는 외국 사람들도 좋아합니다. 저는 빨리 고향에 가고 싶습니다. 가족도 만나고 고향 음식도 먹고 싶습니다.

나폴리 날씨 맛있다 피자 외국 좋아하다 빨리

06과 학교생활

1. 저는 오전에 한국어를 공부합니다

• 학습목표: 시간을 사용해서 일과를 설명할 수 있다.

Ⅰ. 준비해 봅시다

• 사람들이 무엇을 합니까?

• 여러분은 날마다 무엇을 합니까?

Ⅱ. 이야기해 봅시다

1 보기 와 같이 이야기하십시오.

오전 7:00

오전 8:30

오후 1:00

오후 3:00

오후 5:00

오후 7:00

오후 9:00

오후 11:00

보기

에릭: 유키 씨, 몇 시에 일어납니까?

유키: 저는 일곱 시에 일어납니다.

몇 시 일어나다

2 여러분은 무엇을 합니까? 표에 쓰고 보기 와 같이 이야기하십시오.

시간 / 이름	오전		오후				
	7:00 -8:00	9:00 -1:00	1:30 -2:00	2:30 -4:30	5:00 -7:30	8:00 -9:00	9:30 -11:00
리타오	운동	한국어 공부	점심	숙제	아르바이트	저녁	컴퓨터

보기

에 릭: 리타오 씨, 오전에 무엇을 합니까?
리타오: 저는 오전에 한국어를 공부합니다.
에 릭: 오후에 무엇을 합니까?
리타오: 오후에 아르바이트를 합니다.
에 릭: 몇 시부터 몇 시까지 아르바이트를 합니까?
리타오: 다섯 시부터 일곱 시 반까지 아르바이트를 합니다.
에 릭: 그리고 무엇을 합니까?
리타오: 컴퓨터를 합니다.

연습하기

시간 / 이름						

오전 오후 아르바이트 컴퓨터 점심 저녁

Ⅲ. 써 봅시다

여러분은 날마다 무엇을 합니까? 보기 와 같이 쓰고 발표하십시오.

보기

저는 여섯 시 반**에** 일어납니다.
일곱 시**부터** 여덟 시**까지** 운동을 합니다.
여덟 시 반**에** 학교에 옵니다.
학교 식당에서 김밥을 먹습니다.
아홉 시**부터** 한 시**까지** 한국어를 공부합니다.
한 시 반**에** 친구하고 같이 점심을 먹습니다.
두 시 반**부터** 네 시 반**까지** 도서관에서 숙제를 합니다.
그리고 다섯 시**부터** 일곱 시 반**까지** 아르바이트를 합니다.
여덟 시**에** 저녁을 먹습니다.
아홉 시 반**부터** 열한 시**까지** 컴퓨터를 합니다.
열두 시**에** 잡니다.

연습하기

운동　오다　김밥　자다

06과 학교생활

2. 의자에 앉으십시오

• 학습목표: 학교생활을 이야기할 수 있다.

Ⅰ. 준비해 봅시다

- 학생들이 학교에서 무엇을 합니까?
- 여러분은 학교에서 무엇을 합니까?

Ⅱ. 이야기해 봅시다

1 보기 와 같이 이야기하십시오.

보기

선생님: 존 씨, 의자에 앉으십시오.
존 : 네.
선생님: 유키 씨, 휴대전화를 보지 마십시오.
유 키: 네, 죄송합니다.

앉다 죄송하다

2 보기 와 같이 이야기하십시오.

보기

흐엉: 음악회가 몇 시입니까?
노라: 7시 30분입니다.
흐엉: 제가 몇 시에 갈까요?
노라: 7시 15분에 오십시오.
흐엉: 어디에서 합니까?
노라: 학생회관 704호입니다.
흐엉: 표가 얼마입니까?
노라: 14,000원입니다.
흐엉: 제가 뭘 준비할까요?
노라: 물을 사십시오.

음악회 분 호 표 얼마 원 준비하다 물 콘서트

III. 써 봅시다

보기 와 같이 학교 친구에게 문자메시지를 쓰십시오.

보기

YONSEI TALK

노라: 유키 씨, 저는 유키 씨하고 같이 한국어를 공부하고 싶습니다.

유키: 저도 노라 씨와 같이 공부하고 싶습니다. 제가 노라 씨 집에 갈**까요?**

노라: 네, 우리 집에 오**십시오.**

유키: 제가 몇 시에 갈**까요?**

노라: 3시에 오**십시오.**

유키: 어떻게 갑니까?

노라: 버스를 타**십시오.**

유키: 몇 번 버스를 탈**까요?**

노라: 192번 버스를 타**십시오.**

유키: 네.

노라: 제가 과자를 살**까요?**

유키: 네, 과자를 사십**시오.**

ENTER

어떻게 버스 타다 번 과자

연습하기

YONSEI TALK

흐엉: 에릭 씨, 저는 ____고 싶습니다.

에릭: 저도 ____고 싶습니다. 제가 ____을까요/ㄹ까요?

흐엉: 네, ____으십시오/십시오.

에릭: 제가 몇 시에 ____을까요/ㄹ까요?

흐엉: ____으십시오/십시오.

에릭: 어떻게 갑니까?

흐엉: ____으십시오/십시오.

에릭: ____을까요/ㄹ까요?

흐엉: ____으십시오/십시오.

에릭: 네.

흐엉: ____을까요/ㄹ까요?

에릭: 네, ____으십시오/십시오.

ENTER

연습하기

YONSEI TALK

주앙: 존 씨, 저는 ______고 싶습니다.

존: 저도 ______고 싶습니다. 제가 ______을까요/ㄹ까요?

주앙: 네, ______으십시오/십시오.

존: 제가 몇 시에 ______을까요/ㄹ까요?

주앙: ______으십시오/십시오.

존: 어떻게 갑니까?

주앙: ______으십시오/십시오.

존: ______을까요/ㄹ까요?

주앙: ______으십시오/십시오.

존: 네.

주앙: ______을까요/ㄹ까요?

존: 네, ______으십시오/십시오.

ENTER

복습 5-6과

1 선생님이 학생들에게 이야기합니다. 쓰고 발표하십시오.

시험지에 이름을 쓰십시오.

휴대 전화를 ________________으십시오/십시오.

에릭 씨와 유키 씨, ________________지 마십시오.

하늘 씨, ________________으십시오/십시오.

리타오 씨, ________________지 마십시오.

노라 씨, ________________지 마십시오.

쓰기 시험은 ______________부터 ______________까지입니다.

듣기 시험은 ______________부터 ______________까지입니다.

여러분, 시험을 잘 보십시오.

시험지 쓰다 쓰기 시험 듣기 시험 시험을 보다 잘 여러분

2 보기 와 같이 이야기하십시오.

보기

마크: 저는 주말에 친구와 같이 서울을 구경하고 싶습니다.
어디에 갈까요?

리나: 한강에 가십시오. 한강이 좋습니다.

마크: 한강에서 무엇을 할까요?

리나: 자전거를 타십시오.

주말　구경하다　한강　좋다　자전거　남산　인사동　동대문시장　홍대

3 다음 질문으로 친구와 이야기하십시오. 그리고 보기 와 같이 쓰고 발표하십시오.

- 보통 몇 시에 일어납니까?
- 오전에/오후에 무엇을 합니까?
- 몇 시부터 몇 시까지 ________ 습니까/ㅂ니까?
- 날마다 바쁩니까?
- 주말에 어디에 가고 싶습니까?
- 누구와 같이 가고 싶습니까?
- ________ 에서 무엇을 하고 싶습니까?
- ________ 이/가 어떻습니까?

보기

저는 보통 여덟 시에 일어납니다. 오전에 학교에서 한국말을 공부합니다. 아홉 시부터 한 시까지 한국말을 공부합니다. 오후에 도서관에서 숙제를 합니다. 저는 날마다 바쁩니다.
주말에 저는 부산에 가고 싶습니다. 반 친구와 같이 가고 싶습니다. 부산에 바다가 있습니다. 바다에서 수영을 하고 싶습니다. 부산은 공기가 좋고 따뜻합니다.

날마다　수영　공기　따뜻하다

문화

나이

한국에서는 아이가 태어나면 한 살입니다. 그리고 해가 바뀔 때마다 한 살씩 많아집니다. 그래서 한국에서 나이를 물을 때 '**몇 살입니까?**' 또는 '**한국 나이로 몇 살입니까?**' 라고 질문합니다. 이것은 한국의 나이가 다른 나라에서 말하는 나이와 좀 다르기 때문입니다. 어른께는 '**연세가 어떻게 되십니까?**'라고 질문합니다. 나이를 이야기할 때는 '**_살입니다.**'라고 이야기합니다.

1살	한 살
2살	두 살
3살	세 살
4살	네 살
5살	다섯 살
6살	여섯 살
7살	일곱 살
8살	여덟 살
9살	아홉 살
10살	열 살

11살	열한 살
12살	열두 살
13살	열세 살
14살	열네 살
⋮	⋮
20살	스무 살
21살	스물한 살
22살	스물두 살
23살	스물세 살
24살	스물네 살

30살	서른 살
40살	마흔 살
50살	쉰 살
60살	예순 살
70살	일흔 살
80살	여든 살
90살	아흔 살
100살	백 살

07과

음식

1. 저는 한식을 좋아합니다

• 학습목표: 좋아하는 것을 말할 수 있다.

Ⅰ. 준비해 봅시다

- 어느 나라 음식입니까?
- 여러분은 어느 나라 음식을 먹고 싶습니까?

I. 이야기해 봅시다

1 그림을 보고 보기 와 같이 이야기하십시오.

보기

마크: 리나 씨, 무슨 과일을 좋아합니까?

리나: 저는 딸기를 좋아합니다.

마크: 과일을 자주 먹습니까?

리나: 네, 자주 먹습니다.

무슨　과일　딸기　자주

2 여러분은 무슨 음식을 좋아합니까? 보기 와 같이 친구와 이야기하십시오.

보기

에릭: 유키 씨, 무슨 음식을 좋아합니까?

유키: 저는 한식을 좋아합니다. 닭갈비를 아주 좋아합니다.

에릭: 닭갈비는 맛이 어떻습니까?

유키: 조금 맵습니다. 에릭 씨는 무슨 음식을 좋아합니까?

에릭: 저도 한식을 좋아합니다.

유키: 요즘 무엇을 자주 먹습니까?

에릭: 학교 근처 한식집에서 칼국수를 자주 먹습니다.

한식 닭갈비 맛 조금 맵다 요즘 한식집 칼국수

III. 써 봅시다

반 친구와 질문하고 대답하십시오.

- 지금 어디에 삽니까?
- 집이 멉니까?
- 무슨 음식을 좋아합니까?
- 음식을 자주 만듭니까?
- 무슨 노래를 좋아합니까?
- 주말에 보통 누구하고 같이 놉니까?

여러분의 한국 생활이 어떻습니까? 보기 와 같이 쓰고 발표하십시오.

보기

저는 지금 한국 친구 집에서 **삽니다**.
친구 집이 조금 **멉니다**.
친구 집은 깨끗하고 조용합니다.
저는 한국 음식을 좋아합니다.
불고기를 아주 좋아합니다.
불고기는 조금 **답니다**.
한국 친구와 같이 가끔 불고기를 **만듭니다**.
저는 한국 노래를 좋아합니다.
한국 가수를 잘 **압니다**.
주말에 보통 한국 친구와 같이 **놉니다**.
한국 친구와 같이 영화도 보고 쇼핑도 합니다.

살다 멀다 깨끗하다 달다 가끔 불고기 만들다 노래 알다 놀다 쇼핑

07과 음식

2. 몇 인분 주문할까요?

• 학습목표: 음식을 주문하고 음식에 대해서 설명할 수 있다.

Ⅰ. 준비해 봅시다

- 두 사람이 무엇을 합니까?
- 여러분은 무슨 음식을 주문하고 싶습니까?

II. 이야기해 봅시다

1 그림을 보고 보기 와 같이 이야기하십시오.

음식 이름	떡볶이
맛	맵다

음식 이름	간장 게장
맛	짜다

음식 이름	팥빙수
맛	달다

음식 이름	탕수육
맛	달고 시다

보기

에릭: 이 음식 이름이 무엇입니까?
우진: **떡볶이**입니다.
에릭: **떡볶이**는 맛이 어떻습니까?
우진: **조금 맵습니다.** 그렇지만 아주 맛있습니다.
에릭: 주말에 같이 **떡볶이**를 먹을까요?
우진: 네, 그럽시다.

떡볶이　간장 게장　짜다　팥빙수　탕수육　시다　그렇지만　그럽시다

2 메뉴판을 보고 보기 와 같이 이야기하십시오.

MENU

김밥	3,000
떡볶이	4,500
라면	3,500
칼국수	5,000

식사

간장게장	35,000
냉면	8,000
김치찌개	7,500
갈비탕	12,000

PIZZA

피자	20,000
스파게티	13,000
치킨	17,000
샌드위치	5,000

MENU

커피	5,000
녹차	4,500
콜라	2,000
팥빙수	6,000

보기

에 릭: 이 식당은 무슨 음식이 맛있습니까?
우 진: 떡볶이가 맛있습니다.
에 릭: 그럼 떡볶이를 먹을까요?
우 진: 네, 그럽시다.
에 릭: 몇 인분 주문할까요?
우 진: 이 인분 주문합시다.
에 릭: 김밥도 주문할까요?
우 진: 아니요, 김밥은 주문하지 맙시다.
에 릭: 여기요.
종업원: 네, 뭘 드릴까요?
에 릭: 떡볶이 이 인분 주십시오. 그리고 물도 주십시오.

라면	냉면	김치찌개	갈비탕	스파게티	치킨	샌드위치
녹차	콜라	인분	주문하다	종업원	드리다	

III. 써 봅시다

여러분 나라의 음식에 대해서 보기 와 같이 쓰고 발표하십시오.

보기

이 음식 이름은 떡볶이입니다.
떡볶이는 조금 맵습니다.
그렇지만 아주 맛있습니다.
그래서 한국 사람들도 좋아하고 외국 사람들도 좋아합니다.
오늘 점심에 같이 떡볶이를 먹**을까요?**

연습하기

그래서

08과

하루 생활

1. 저는 내일 바쁘지 않아요

• 학습목표: 날짜와 요일을 말할 수 있다.

Ⅰ. 준비해 봅시다

- 유키 씨가 토요일에 무엇을 합니까?
- 여러분은 토요일에 무엇을 합니까?

I. 이야기해 봅시다

1 보기 와 같이 이야기하십시오.

6월

일	월	화	수	목	금	토
				1	2	3
4	5	6 현충일	7	8	9	10 에릭씨 생일
11	12	13	14	15	16	17
18	19	20	21	22	23	24
25	26	27	28	29	30	1

7월

일	월	화	수	목	금	토
2	3	4	5	6	7	8
9	10	11	12	13	14	15
16	17	18	19	20	21 듣기 시험	22
23	24 쓰기 시험	25	26	27	28	29
30 유키씨 생일	31					

보기

마크: 유키 씨 생일이 언제예요?

리나: 유키 씨 생일이 7월 30일이에요.

마크: 무슨 요일이에요?

리나: 일요일이에요.

현충일 생일 언제 월 일 요일 일요일

8-1

2 보기 와 같이 이야기하십시오.

보기

유키: 에릭 씨, 내일 시간이 있어요?

에릭: 내일이 며칠이에요?

유키: 4월 5일이에요. 목요일이에요.

에릭: 저는 내일 바쁘지 않아요. 시간이 있어요.

유키: 그럼 같이 밥을 먹을까요?

에릭: 네, 행복식당에서 같이 밥을 먹어요.

내일　시간　며칠　목요일

III. 써 봅시다

여러분 나라의 특별한 날에 대해서 보기 와 같이 이야기하십시오.

보기

마크: 하늘 씨, 한국에 선생님 날이 있어요?

하늘: 네, 한국에 선생님 날이 있어요.

마크: 선생님 날이 몇 월 며칠이에요?

하늘: 5월 15일이에요.

마크: 선생님 날에 무엇을 해요?

하늘: 학생들이 감사 편지를 써요.

보기 와 같이 쓰고 발표하십시오.

보기

한국에 선생님 날이 있**어요.**

선생님 날은 5월 15일**이에요.**

선생님 날에 학생들이 감사 편지를 **써요.**

연습하기

선생님 날 감사 편지

08과

하루 생활

2. 저는 아침을 먹고 학교에 가요

• 학습목표: 하루 일과를 설명할 수 있다.

Ⅰ. 준비해 봅시다

- 노라 씨가 무엇을 합니까?
- 여러분은 아침에 무엇을 합니까?

이야기해 봅시다

1 보기 와 같이 이야기하십시오.

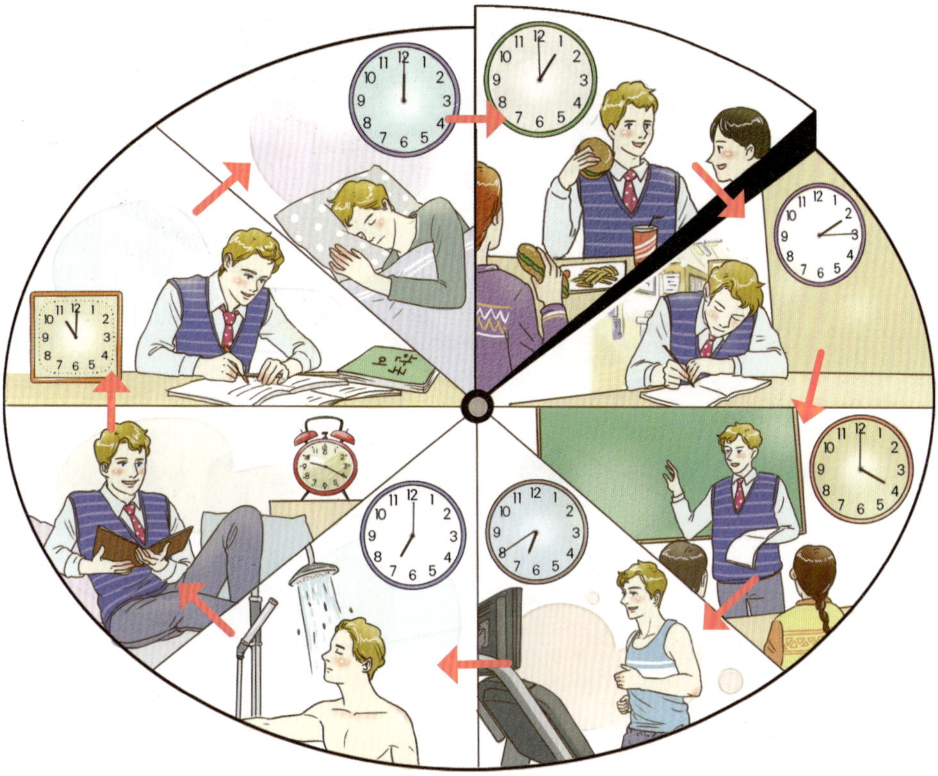

보기

존 : 에릭 씨, 보통 점심을 먹고 무엇을 해요?

에릭: 저는 보통 점심을 먹고 숙제를 해요.

존 : 숙제를 하고 뭘 해요?

에릭: 저는 숙제를 하고 학원에서 영어를 가르쳐요.

학원 영어

2 그림을 보고 이야기를 만드십시오.

주앙 씨가 7시에 일어나요.

비가 와요. 그래서 창문을 닫아요.

주앙 씨가 오전에 학교에서 한국어 게임을 해요.

주앙 씨가 잘했어요. 그래서 선물을 ______어요/아요/여요.

기분이 좋아요. 주앙 씨가 점심을 먹고 공원에서 산책을 해요.

유키 씨하고 같이 30분쯤 ______어요/아요/여요.

주앙 씨가 옷 가게에서 아르바이트를 하고 싶어해요.

사장님이 주앙 씨 나이하고 전화번호를 ______어요/아요/여요.

주앙 씨가 집에서 음악을 ______어요/아요/여요.

주앙 씨가 저녁에 친구하고 여행을 가요.

차에 가방을 ______고 친구를 기다려요.

비가 오다　창문　닫다　잘하다　선물　기분　산책　쯤　옷 가게　사장님
나이　전화번호　차　기다리다

III. 써 봅시다

여러분은 날마다 무엇을 합니까? 보기 와 같이 이야기하십시오.

보기

에릭: 유키 씨, 아침을 먹고 학교에 가요? 아침을 먹지 않고 학교에 가요?

유키: 저는 보통 아침을 먹고 학교에 가요.
그렇지만 가끔 아침을 먹지 않고 학교에 가요.

에릭: 언제 점심을 먹어요?

유키: 저는 학교에서 공부를 하고 점심을 먹어요.

보기 와 같이 쓰고 발표하십시오.

보기

저는 보통 아침을 먹**고** 학교에 가요.
그렇지만 가끔 아침을 먹지 않**고** 학교에 가요.
학교에서 한국말을 공부하**고** 친구들과 같이 식당에서 점심을 먹어요.

연습하기

1 파티를 준비합니다. 보기 와 같이 이야기하십시오.

보기

에릭: 무슨 음식을 만들까요?
유키: 한식을 만듭시다.
에릭: 친구들이 무슨 과일을 좋아해요?
유키: 친구들이 딸기를 좋아해요.
에릭: 무슨 차를 준비할까요?
유키: 유자차를 준비합시다.
에릭: 꽃도 삽시다. 무슨 꽃을 살까요?
유키: 장미꽃을 삽시다.
에릭: 네, 그럽시다.

파티 차 유자차 장미꽃 허브티 홍차 인삼차

2 보기 와 같이 친구와 이야기하십시오.

보기

흐 엉: 오늘이 몇 월 며칠이에요?

리타오: 5월 2일이에요.

흐 엉: 무슨 요일이에요?

리타오: 화요일이에요.

흐 엉: 리타오 씨는 화요일에 보통 무엇을 해요?

리타오: 저는 화요일에 점심을 먹고 아르바이트를 해요.

흐 엉: 아르바이트를 하고 무엇을 해요?

리타오: 아르바이트를 하고 카페에서 숙제를 해요.

흐 엉: 숙제를 하고 집에 가요?

리타오: 네, 저는 숙제를 하고 집에 가요.

화요일 카페

3 다음 질문으로 친구와 이야기하고 보기 와 같이 쓰십시오.

- ______씨는 어디에 삽니까?
- ______씨, 집이 멉니까?
- 무슨 음악을 좋아합니까?
- 그 음악을 자주 들어요?

- 오늘은 몇 월 며칠이에요?
- 오늘은 무슨 요일이에요?
- 점심을 먹고 뭘 해요?
- ______고 뭘 해요?

보기

오늘은 1월 23일이에요. 월요일이에요. 저는 월요일에 보통 학교에서 공부하고 도서관에서 숙제를 해요. 숙제를 하고 체육관에서 운동을 합니다. 운동을 하고 5시부터 9시까지 빵집에서 아르바이트를 해요. 아르바이트를 하고 집에 갑니다.

저는 명동 근처에 삽니다. 우리 집은 조금 멀어요. 밤에 가족들하고 전화를 하고 음악을 들어요. 저는 한국 음악을 좋아해요. 케이팝을 자주 들어요. 저는 11시에 자요.

월요일 명동 밤 케이팝

한국인의 식사 예절

한국인과 식사를 할 때에는 지켜야 하는 예절이 있습니다. 식사를 하기 전에 '**잘 먹겠습니다.**'라고 인사를 하고 밥을 먹습니다. 다 먹은 후에는 '**잘 먹었습니다.**'라고 인사를 합니다.

윗사람과 함께 밥을 먹을 때에는 윗사람이 먼저 식사를 시작한 후에 수저를 듭니다.

윗사람이 잔에 술을 따라 주실 때에는 술잔을 양손으로 잡고 술을 받습니다. 윗사람 앞에서 술을 마실 때에는 몸을 약간 옆으로 돌려서 마십니다. 윗사람에게 물이나 술을 따라 드릴 때에도 물병이나 술병을 양손으로 잡고 공손히 따라 드립니다.

09과 주말

1. 저는 주말에 친구들과 같이 농구를 해요

• 학습목표: 주말 활동에 대해서 이야기할 수 있다.

Ⅰ. 준비해 봅시다

- 사람들이 무엇을 합니까?
- 여러분은 주말에 보통 무엇을 합니까?

II. 이야기해 봅시다

1 그림을 보고 보기 와 같이 이야기하십시오.

보기

마크: 에릭 씨, 요즘 무슨 운동을 해요?

에릭: 저는 주말에 친구들과 같이 농구를 해요.

마크: 농구가 재미있어요?

에릭: 네, 힘들지만 재미있어요.

농구　재미있다　힘들다

2 그림을 보고 보기 와 같이 이야기하십시오.

보기

유키: 에릭 씨, 지금 어디에 가요?

에릭: 서점에 가요.

유키: 서점에 뭘 사러 가요?

에릭: 한국어 교과서를 사러 가요.

유키: 한국어 공부가 어때요?

에릭: 한국어 공부가 재미있지만 숙제가 좀 많아요.

좀

Ⅲ. 써 봅시다

여러분은 주말에 무엇을 합니까? 보기 와 같이 쓰고 발표하십시오.

보기

저는 요리를 좋아합니다.
그래서 생선과 과일을 사**러** 시장에 자주 갑니다.
그 시장은 좀 작**지만** 물건이 좋고 값이 쌉니다.
그리고 주말에 친구와 같이 자주 요리를 합니다.
한식도 만들고 일식도 만듭니다.

연습하기

요리 생선 물건 값 싸다 일식

09과 주말

2. 저는 집에서 쉴 거예요.

• 학습목표: 여러 가지 계획을 말할 수 있다.

Ⅰ. 준비해 봅시다

- 사람들이 무엇을 합니까?
- 여러분은 주말에 무엇을 하고 싶습니까?

I. 이야기해 봅시다

1 계획표를 보고 보기 와 같이 이야기하십시오.

	월	화	수	목	금	토	일
마크	수영	도서관	농구	쇼핑	콘서트	등산	공부
리나	요가	아르바이트	영화	아르바이트	데이트	캠핑	캠핑

보기

마크: 리나 씨, **일요일**에 뭘 할 거예요?
리나: 저는 **캠핑을 할** 거예요.
마크 씨는 뭘 할 거예요?
마크: 저는 **공부할** 거예요.
리나: 아, 그래요?

여러분의 일주일 계획을 쓰고 친구와 이야기하십시오.

	월	화	수	목	금	토	일
나							

캠핑 요가 데이트 등산

2 그림을 보고 보기 와 같이 말하고 여러분의 주말 계획도 말해 보십시오.

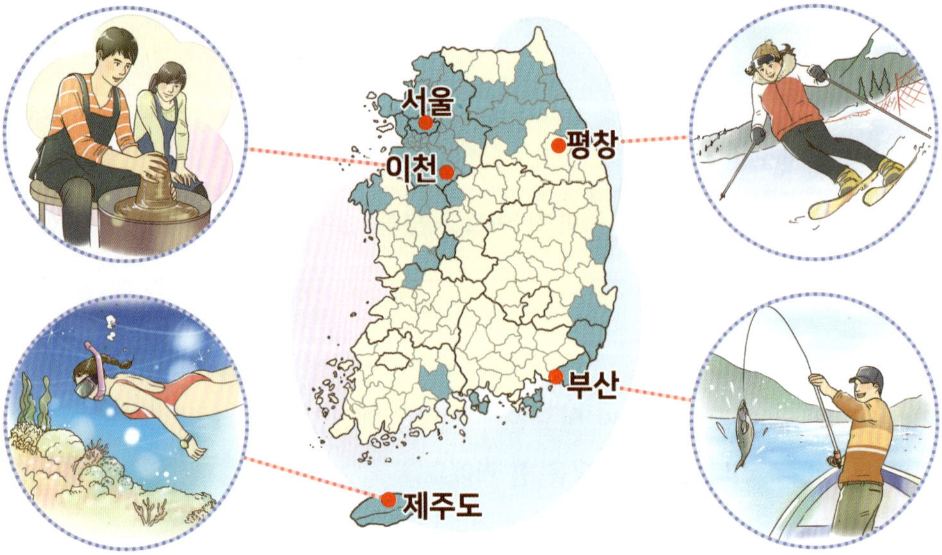

보기

마크: 우진 씨, 주말에 뭘 할 거예요?
우진: 저는 이천에 갈 거예요.
마크: 이천이 가까워요?
우진: 네, 이천이 가까워요.
마크: 우진 씨는 이천에서 뭘 할 거예요?
우진: 저는 도자기를 만들 거예요.
마크: 도자기 만들기가 쉬워요?
우진: 아니요, 조금 어려워요.

이천　가깝다　도자기　만들기　쉽다　평창

III. 써 봅시다

보기와 같이 여러분의 1년 계획을 쓰고 발표하십시오.

	리나의 계획	____의 계획
1월		
2월	동생 졸업식	
3월		
4월		
5월	언니 결혼식	
6월		
7월	생일	
8월	제주도 휴가	
9월		
10월	설악산 등산	
11월		
12월	스키장	

보기

올해 저는 아주 바빠요.
2월에 동생 졸업식이 있어요. 그래서 저는 졸업 축하 선물을 **보낼 거예요**.
그리고 5월에 언니가 결혼을 해요. 저는 결혼식을 보러 고향에 **갈 거예요**.
7월 10일은 제 생일이에요. 저는 생일에 친구와 같이 파티를 **할 거예요**.
8월은 날씨가 아주 **더워요**. 그래서 제주도에 **갈 거예요**.
10월에는 등산하러 설악산에 **갈 거예요**.
그리고 저는 스키를 아주 좋아해요. 그래서 12월에 스키를 타러 **갈 거예요**.

졸업식 언니 결혼식 휴가 스키장 올해 결혼 덥다 스키

10과 지난 일

1. 저는 작년 8월 20일에 한국에 왔어요

- 학습목표: 과거의 일을 설명할 수 있다.

Ⅰ. 준비해 봅시다

- 올리비아 씨가 무엇을 했습니까?
- 여러분은 그때 무엇을 했습니까?

이야기해 봅시다

1 보기 와 같이 이야기하십시오.

보기

마크: 에릭 씨, 어제 학교에 갔어요?

에릭: 아니요, 학교에 안 갔어요. 집에 있었어요.

마크: 집에서 무엇을 했어요?

에릭: 한국 드라마를 봤어요.

어제 드라마

2 보기 와 같이 이야기하십시오.

보기

마크: 에릭 씨, 지난 주말에 무엇을 했어요?

에릭: 지난 주말에 공원에 갔어요.

마크: 공원에서 무엇을 했어요?

에릭: 주앙 씨와 같이 축구를 했어요.

마크: 재미있었어요?

에릭: 아니요, 재미없었어요. 힘들었어요.

지난　공원　축구　재미없다

Ⅲ. 써 봅시다

보기 와 같이 친구와 이야기하십시오.

보기

마크: 리나 씨, 언제 한국에 왔어요?
리나: 저는 작년 8월 20일에 한국에 왔어요.
마크: 왜 한국에 왔어요?
리나: 저는 한국 노래를 좋아해요. 한국말을 잘하고 싶어요.
그래서 한국에 왔어요.
마크: 고향에서 한국말을 배웠어요?
리나: 아니요, 고향에서 한국말을 안 배웠어요.
마크: 한국 생활이 재미있어요?
리나: 네, 재미있어요.
마크: 언제까지 한국에 있을 거예요?
리나: 내년 3월까지 한국에 있을 거예요.

보기 와 같이 쓰고 발표하십시오.

보기

저는 작년 8월 20일에 한국에 왔어요. 저는 한국 노래를 좋아해요. 싸이를 좋아해요. 한국말을 잘하고 싶어요. 그래서 한국에 **왔어요**. 가끔 고향에 가고 싶지만 한국 생활이 재미있어요. 저는 내년 3월까지 한국에 있을 거예요. 한국말을 열심히 공부할 거예요.

작년　내년　생활　열심히

10과 지난 일

2. 일이 많아서 친구를 만나지 못했어요

• 학습목표: 하지 못한 일을 이유와 함께 설명할 수 있다.

Ⅰ. 준비해 봅시다

- 지난 주말에 주앙 씨가 무엇을 하고 싶어 했습니까?
- 여러분은 지난 주말에 무엇을 하고 싶었습니까?

II. 이야기해 봅시다

1 보기 와 같이 이야기하십시오.

보기

에릭: 유키 씨, 지난 주말에 수영을 했어요?

유키: 아니요, 저는 수영을 하지 못했어요.

에릭: 왜 수영을 하지 못했어요?

유키: 비가 와서 하지 못했어요.

2 그림을 보고 이야기를 만드십시오.

노 라: 여자 친구 생일에 데이트를 했어요?
리타오: 아니요. 회사 일이 많아서 여자 친구를 만나지 못했어요.
노 라: 그럼 언제 데이트를 했어요?
리타오: 지난 주말에 데이트를 했어요.
그런데 여자 친구 기분이 좋지 않았어요.
노 라: 왜요?
리타오: _____어서/아서/여서 호텔 식당에서 _____지 못했어요.
노 라: 콘서트를 봤어요?
리타오: 아니요, 콘서트를 보지 못했어요.
노 라: 왜요? _____어서/아서/여서 콘서트를 보지 못했어요?
리타오: 아니요, _____어서/아서/여서 _____지 못했어요.
노 라: 여행을 갔어요?
리타오: 아니요, _____어서/아서/여서 _____지 못했어요.
노 라: 생일 선물을 줬어요?
리타오: 아니요.
노 라: 왜요? _____어서/아서/여서 _____지 못했어요?
리타오: 아니요, _____어서/아서/여서 _____지 못했어요.
내년에는 잘 준비할 거예요.

일 여자 친구 왜 주다

III. 써 봅시다

여러분은 지난 주말에 무엇을 했습니까? 무엇을 하지 못했습니까?
보기 와 같이 쓰고 발표하십시오.

보기

저는 지난 주말에 일이 많**아서** 에릭 씨 생일 파티에 가**지 못했어요**.
옷 가게에서 8시까지 아르바이트를 했어요.
저는 아르바이트를 하고 남자 친구를 만나고 싶었어요.
그렇지만 남자 친구가 바빠**서** 만나**지 못했어요**.
그래서 혼자 집에서 저녁을 먹고 텔레비전을 봤어요.

연습하기

생일 파티 남자 친구

1 달력을 보고 아래 단어들을 사용해서 보기 와 같이 이야기하십시오.

어때요?

어렵다 덥다 시끄럽다 춥다 아름답다 재미있다 맵다

어디에 가요?

극장 바다 백화점 도서관 운동장 공원

월요일	화요일	수요일	목요일	금요일	토요일	일요일
1	2	3	4 태권도	5 노래방	6 캠핑	7 등산
8	9 찜질방	10 외식	11 오늘	12 영화	13 수영	14 데이트
15	16	17	18	19 공부	20 축구	21 쇼핑
22	23	24	25	26	27	28
29	30	31				

보기

리나: 마크 씨, 지난주 토요일에 숙제를 했어요?
마크: 아니요, 숙제를 안 했어요.
리나: 그럼 뭘 했어요?
마크: 친구들과 캠핑을 했어요.
리나: 캠핑이 어땠어요?
마크: 재미있었지만 밤에 좀 추웠어요.
리나: 이번 주 토요일에는 뭘 할 거예요?
마크: 수영하러 바다에 갈 거예요.

태권도 노래방 찜질방 외식

2 주말에 무엇을 하지 못했습니까? 보기 와 같이 이야기하십시오.

이름	무엇을 하지 못했어요?	왜 하지 못했어요?	언제 할 거예요?
마크	청소	피곤하다	토요일
리나	영화	표가 없다	이번 주말
유진	수영	춥다	다음 달
하늘	숙제	어렵다	오늘 저녁
나			

보기

리나: 마크 씨, 지난 주말에 청소를 했어요?
마크: 아니요, 청소를 하지 못했어요.
리나: 왜 청소를 하지 못했어요?
마크: 피곤해서 하지 못했어요.
리나: 그럼 언제 청소를 할 거예요?
마크: 토요일에 할 거예요.

피곤하다 청소 이번 토요일

3 다음 질문으로 친구와 이야기하십시오. 그리고 보기 와 같이 쓰고 발표하십시오.

- 지난 주말에 어디에 갔어요?
- 뭘 하러 ________에 갔어요?
- 그곳이 어땠어요?
- 지난 주말에 뭘 하지 못했어요?

- 왜 ________지 못했어요?
- 이번 주말에 어디에 갈 거예요?
- 뭘 하러 ________에 갈 거예요?

보기

저는 지난 주말에 친구들과 캠핑을 하러 북한산에 갔어요.
북한산은 경치가 아주 아름다웠어요.
저는 캠핑을 처음 했어요. 밤에 좀 추웠지만 아주 재미있었어요.
마크 씨는 일이 있어서 같이 캠핑을 하러 가지 못했어요.
우리는 다음 달에 캠핑을 하러 갈 거예요. 마크 씨도 같이 갈 거예요.

북한산 경치 처음 달

문화

서울의 과거와 현재

'서울'은 조선시대부터 한국의 수도였습니다. 당시의 지명은 '한양'이었습니다. 과거 조선이 서울을 수도로 정할 때만 해도 지금의 종로구와 중구에 해당하는 지역만이 서울 땅이었습니다. 그 당시 서울은 북악산, 인왕산, 남산 등으로 둘러싸인 아늑한 분지였습니다.

오늘날 서울을 남북으로 가로지르는 한강은 1950년대 말까지만 해도 서울 남쪽 바깥을 흐르는 강이었습니다. 당시 한강에는 한강 철교와 한강 대교만 있어서 한강을 건너다니기가 쉽지 않았습니다. 그러다가 한강 남쪽에 도시가 개발되면서부터 한강의 북쪽과 남쪽을 잇는 다리들이 많이 놓이게 되었습니다. 1960년대 이후 서울은 대략 오늘날의 모습을 갖추게 됐습니다.

부록

색인

색인

어휘 색인

ㅇ

ㅈ

Chinese Version

새 연세한국어 말하기와 쓰기 1-1

별책부록

新延世韩国语 口语与写作

연세대학교 한국어학당 편

연세대학교 출판문화원

前言

延世大学韩国语学堂是在1959年成立的韩国最早的外国人韩国语教育机构。延世大学韩国语学堂为了满足此前的历史和名声,编纂了各种韩语教材,同时不断 相关的研究。迄今为止,我校对全世界约147个国家的14万名韩国语学生进行了韩语和韩国文 化的教育,最近不仅在线下进行韩语教育,还为世界各国的学生开设了全球性的“大型开放式网络课程(MOOC讲座)”,受到了广大学生的热烈响应。尤其是根据最近以飞快的速度变化的教育环境,为开发新的教学 方法和教学资料等等而在进行不断地努力。

延世大学韩国语学堂一直以来都是不仅针对普通目的的韩国语学生,同时针对特殊目的 的韩国语学生,开设正规课程、短期课程、大学韩语课程等多种教育课程,并开发出满足学生要 求的最佳教材。这些教材目前被广泛使用在国内外的韩国语教育机构中,满足教师和学生的多 种要求。

延世大学韩国语学堂是继此前一直受到最大好评的"延世韩国语"1级~6级之后,发行的新 系列韩语教材——《新延世韩国语》。为了开发此教材,将韩语教育现场经验丰富的专业韩语教 育学者及教师们大批地投入到了其中,并以最佳的韩语教学方法和学生群体的理解为基础,经 过长期的开发,完成了开发工作。

此次出版的《新延世韩国语》系列共6个阶段,每个阶段由词汇与语法教材、口语与写作教 材、听力与阅读教材几部分构成。‘新延世韩国语词汇与语法’是以每个阶段韩国语学生必须熟 练掌握的主要词汇和语法的理解和活用为中心而构成。‘新延世韩国语口语与写作’是为了能够 灵活运用韩语进行语言沟通,主要以口语、写作练习题构成。另外,‘新延世韩国语听力与阅读’是以听力、阅读练习题为中心,来培养出符合各级别熟练程度的理解能力。这三本教材可以为 培养词汇·语法、表达、理解能力作为一系列的教材同时使用,也可以根据教育现场条件或学 生的要求另行使用。此外在词汇与语法教材中,另外附有指南书,这对于教育经验不足的国内 外的韩国语教师来说,可以成为有用的向导。

延世大学韩国语学堂今后也将致力于开发符合全世界韩国语学生要求并不辜负期待的韩 国语教材。同时希望本教材在国内外能为韩国语教育付出努力的教师们和为了学习韩语而努 力的所有学生都能给予帮助。

延世大学语言研究教育院

韩国语学堂教材编纂委员会

凡例

1. 本教材与《新延世韩国语1词汇与语法》、《新延世韩国语1听力与阅读》同时出版，是为韩国语初级者而编撰的教材。本教材利用《新延世韩国语1词汇与语法》中学习的句型和词汇来对口语与写作的表达进行练习。

2. 本教材是为了培养韩国语初级者的韩国语口语和写作能力而研发的表达能力开发教材。

3. 本教材共由20课组成，每课分2项，共由40项构成。另外有10项复习部分，在每2课结束时进行复习。每一项的上课内容各50分钟，本教材共由50项构成。另外每2项结束时会有介绍韩国文化的部分。

4. 本教材每项由“题目、学习目标、准备一下、说一说、写一写”构成。复习部分由3个课题构成，使学生们能更灵活地使用前两课学习的主题与技能、词汇与语法内容。

5. 每课的题目与《新延世韩国语1词汇与语法》相同。每项的题目以该项中能代表学习目标的代表句子作为题目使用。

6. 学习目标部分，列出了“能说与~相关的内容，能说明~，能介绍~”等关于语言表达技能的内容。

7. “准备一下”部分，作为每项的开始部分，插入图片的同时提出两个问题来帮助学生们更好地理解和预测该项的具体内容。从第1课到第5课的两个问题都与插图有关，从第6课到第20课的两个问题中其中一个是与插图有关的问题，另一个是让学生们根据情况回答的问题。

8. “说一说” 部分，是由《新延世韩国语1词汇与语法》的学习内容为主题而构成的口语练习部分。为了提高初级学习者的兴趣，并以提高实用性为目标，插入了与实际口语状况有关的图片。另外为了帮助学生们更好地理解，每个练习部分都添加了典型的对话例句。

9. “写一写”部分，以 “造句后发表、对话后造句”的形式将口语和写作同时进行练习。为了使学生们更好地理解，口语练习和写作练习部分都添加了各种例句。

10. “复习” 部分，由三个练习题构成，通过长对话和写作练习来帮助学生们更好地对前2项学习的词汇与语法、主题等进行综合性学习。

11. “文化” 部分，介绍韩国的文化，并列出相关的韩语表达方式使学生们能更好地运用。

12. 所有的练习题都以开放式问题构成，使学生们能根据自身的韩语表达实力回答出多样的答案。另外也能使学生们做出符合自己状况的回答，提供了各种普遍又典型的状况。

13. 新的词汇都列在每一页的最下方，另外附录里收录了所有新的词汇和该词汇出现的章节，以给予学习上的帮助。

单元构成

单元	题目	学习目标	语法	文化
韩文练习	<1> 元音练习			
	<2> 辅音练习			
	<3> 收音练习			
第一课 问候和 介绍	<1> 我是美国人。	能用韩语说自己的名字和国籍，并且能做自我介绍。	-입니다 은/는[1](介绍)	问候语
	<2> 我不是学生。	能做自我介绍，并介绍自己的职业。	-입니까? 이/가 아닙니다	
第二课 物品	<1> 那个是地图。	能介绍教室里的物品。	이/가 이, 그, 저	
	<2> 我有课本。	能介绍自己的东西。	이/가 있습니다(없습니다) (所有) 도	
第三课 学校	<1> 图书馆在哪儿？	能描述学校设施的位置。	에 있습니다(없습니다) (位置) 은/는[2](比较•对照)	韩国的学校
	<2> 教室很小。	能具体描述学校设施。	-습니다, -습니까? 과/와(하고)	
第四课 朋友	<1> 由希来自日本。	能介绍朋友。	에서 오다 을/를	
	<2> 由希在家听音乐。	能描述在各个场所所做的事。	에서 과/와 같이 (하고 같이)	

单元	题目	学习目标	语法	文化
第五课 家乡	<1> 我想回家乡。	能用韩语说自己想做的事。	에 가다 -고 싶다	韩国年龄
	<2> 景福宫既安静又美丽。	能描述各个场所和人的特征。	-지 않다 -고[1](列举)	
第六课 学校生活	<1> 我上午学习韩语。	使用与时间有关的单词，描述一天的日程。	에[1](时间) 부터 까지	
	<2> 请坐在椅子上。	能描述学校生活。	-으십시오 -을까요?[1]	
第七课 饮食	<1> 我喜欢韩食。	能用韩语说喜欢吃的菜。	무슨 ㄹ동사	韩国的 用餐礼仪
	<2> 点几人份呢？	能用韩语点菜，并能对聚会提出相关的建议。	-을까요?[2] (提建议) -읍시다	
第八课 一天的 生活	<1>我明天不忙。	能用韩语说日期和星期。	-이에요 -어요	
	<2> 我吃完早饭后去学校。	能描述一天的日程。	-고[2](时间顺序) ㄷ동사	
第九课 周末	<1> 我周末和朋友们一起打篮球。	能描述周末的活动。	-으러 -지만	首尔的过去与现在
	<2> 我将会在家休息。	能用韩语说各种计划。	-을 거예요 ㅂ동사	
第十课 过去的事	<1> 我去年8月20日来的韩国。	能描述过去的事。	-었어요 안	
	<2> 事情太多了，所以没能见朋友。	能说明没能做成某事的理由。	-지 못하다 -어서[1](理由)	

目录

第一课 问候和介绍

<1> 我是美国人。

学习目标:能用韩语说自己的名字和国籍, 并且能做自我介绍。

词汇

국적 国籍 | 이름 名字
한국 韩国 | 중국 中国
미국 美国 | 영국 英国
일본 日本 | 자메이카 牙买加
프랑스 法国 | 케냐 肯尼亚
인도 印度 | 사람 人
씨 用在姓或名字之后, 表示尊敬。
베트남 越南 | 호주 澳大利亚
노르웨이 挪威 | 브라질 巴西
안녕하십니까 你好 | 처음 뵙겠습니다 初次见面
제 我的 | 저 我
반갑다 认识你很高兴

<2> 我不是学生。

学习目标:能做自我介绍, 并介绍自己的职业。

词汇

몽골 蒙古 | 이탈리아 意大利
러시아 俄罗斯 | 터키 土耳其
무엇 什么 | 어느 哪 (个)
나라 国家 | 네 是的
직업 职业 | 축구 선수 足球选手
요리사 厨师 | 은행원 银行职员
의사 医生 | 기자 记者
외교관 外交官 | 가수 歌手
교수 教授 | 대학원생 研究生
배우 演员 | 누구 谁
친구 朋友 | 아니요 不
그렇다 是的

第二课 物品

<1> 那个是地图。

学习目标:能介绍教室里的物品。

词汇

그것 那个(东西) | 이것 这个(东西)
지우개 橡皮 | 그럼 那么, 那
저것 那个(东西) | 지도 地图
이 这 | 모자 帽子
그 那 | 여기 这里, 这儿
우리 我们 | 교실 教室
책상 桌子 | 교과서 课本
시계 手表, 钟 | 선생님 老师

<2> 我有课本。

学习目标:能介绍自己的东西。

词汇

가방 书包 | 휴대전화 手机
필통 文具盒 | 연필 铅笔
지갑 钱包 | 학생증 学生证
외국인등록증 外国人登陆证
돈 钱 | 화장품 化妆品
휴지 纸巾 | 있다 有, 在
없다 没有, 不在 | 방 房间
의자 椅子 | 공책 笔记本
침대 床

第一课 - 第二课 复习

文化:问候语

在韩语中, 根据状况的不同问候语便有所不同。在韩国打招呼的时候, 要边打招呼边行鞠躬礼。接下来, 我们来一起练习一下韩国的各种问候语吧!

상황 状况	인사말 问候语
만났을 때 하는 인사말 见面时问候语	안녕하십니까? 잘 지내셨습니까?
헤어질 때 하는 인사말 道别时问候语	안녕히 계십시오. 안녕히 가십시오.
고마울 때 하는 인사말 道谢时问候语	고맙습니다. 감사합니다.
미안할 때 하는 인사말 道歉时问候语	미안합니다. 죄송합니다.
처음 만나는 사람에게 하는 인사말 初次见面时问候语	처음 뵙겠습니다. 만나서 반갑습니다.
식사 때 하는 인사말 吃饭时问候语	잘 먹겠습니다. 잘 먹었습니다.
손님이 왔을 때 하는 인사말 迎客时问候语	어서 오십시오.
잠 자기 전에 하는 인사말 睡觉前问候语	안녕히 주무십시오.

第三课 学校

<1> 图书馆在哪儿?

学习目标: 能描述学校设施的位置。

词汇

도서관 图书馆 | 학생회관 学生会馆

수영장 游泳场
식당 食堂
병원 医院
기숙사 宿舍
어디 哪儿, 哪里
커피숍 咖啡厅
강당 礼堂
사무실 办公室
층 楼
학교 学校
위 上, 上面
은행 银行
서점 书店
정문 正门
한국어학당 韩国语学堂
앞 前面
편의점 便利店
복사실 复印室
컴퓨터실 电脑室
집 家
옆 旁边
뒤 后, 后面

<2> 教室很小。

学习目标: 能具体描述学校设施。

词汇

체력 단련실 健身房
운동장 运动场
축구장 足球场
학생 学生
적다 少
시원하다 凉快
크다 大
샤워실 浴室
농구장 篮球场
작다 小
많다 多
아주 非常
신촌 新村
우체국 邮局

第四课 朋友

<1> 由希来自日本。

学习目标: 能介绍朋友。

词汇

극장 剧场
보다 看
누가 谁
우유 牛奶
뉴욕 纽约
한국말 韩语
들 们(复数形式)
반 班
문 门
마시다 喝
회사원 公司职员
공부하다 学习

<2> 由希在家听音乐。

学习目标: 能描述在各个场所所做的事。

词汇

체육관 体育馆
꽃집 花店
게임 游戏
꽃 花
아르바이트하다 打工
듣다 听
혼자 一个人, 独自
먹다 吃
책 书
숙제하다 做作业
피시방 网吧
빵집 面包店
운동하다 做运动
사다 买
음악 音乐
공부 学习
밥 饭
동생 弟弟, 妹妹
읽다 读
숙제 作业

第三课 - 第四课　复习

第三课 – 第四课 词汇

컵 杯子
달력 日历
수건 毛巾
이불 被子
분 分
일하다 工作
신문 报纸
배우다 学
근처 附近
하숙집 寄宿房
커피 咖啡
백화점 百货商店
베개 枕头
슬리퍼 拖鞋
양말 袜子
아래 下, 下面
회사 公司
호텔 酒店
그리고 和, 并且, 然后
가르치다 教
보통 一般
조용하다 安静
한국어 韩语

文化:韩国的学校

韩国的学校是小学6年、初中3年、高中3年、大学4年的6-3-3-4学制。小学和初中属于国家义务教育，一般6周岁入小学。

所有的学校都是每年3月开学到次年的2月初结束一年的课程。一年分两个学期，有暑假、寒假、春假3个假期。

韩国人如果问你 “你是学生吗?”、“在哪个学校上学?”、“几年级?”，请回答“我是大学生。”、“我在延世大学上学。”、“大学一年级。”。

학교 学校	학년 年级
유치원/어린이집 幼儿园/儿童之家	
초등학교 小学	1학년
	2학년
	3학년
	4학년
	5학년
	6학년
중학교 初中	1학년
	2학년
	3학년
고등학교 高中	1학년
	2학년
	3학년
대학교 大学	1학년
	2학년
	3학년
	4학년

第五课 家乡

<1> 我想回家乡。

学习目标：能用韩语说自己想做的事。

词汇

서울역 首尔站
가다 去
경주 庆州
가족 家人
오사카 大阪
음식 菜
지금 现在
고향 家乡
제주도 濟州島
여행 旅行
만나다 见面
이야기하다 说话, 聊天

<2> 景福宫既安静又美丽。

学习目标：能描述各个场所和人的特征。

词汇

서울 首尔
경복궁 景福宫
공항 机场
한라산 汉拿山
속초 束草
바다 大海
호수 湖
해운대 海云台
아름답다 美丽
산 山
나폴리 那不勒斯
맛있다 好吃
외국 外国
빨리 快
롯데월드 乐天世界
인천 仁川
차이나타운 华人街
해수욕장 海水浴场
설악산 雪岳山
불국사 佛国寺
부산 釜山
시장 市场
어떻다 怎么, 怎么样
춥다 冷
날씨 天气
피자 披萨饼
좋아하다 喜欢

第六课 学校生活

<1> 我上午学习韩语。

学习目标：使用与时间有关的单词, 描述一天的日程。

词汇

몇 几
일어나다 起床
오후 下午
컴퓨터 电脑
저녁 晚饭, 晚上
오다 来
자다 睡(觉)
시 点
오전 上午
아르바이트 打工
점심 午饭, 中午
운동 运动
김밥 紫菜包饭

<2> 请坐在椅子上。

学习目标：能描述学校生活。

词汇

앉다 坐
음악회 音乐会
호 号
얼마 多少
준비하다 准备
콘서트 演唱会
버스 公共汽车
번 路
죄송하다 对不起
분 分
표 票
원 元
물 水
어떻게 怎么, 如何
타다 坐
과자 饼干

第五课 - 第六课 复习

第五课 – 第六课 词汇

시험지 试卷
쓰기 시험 写作考试
시험을 보다 考试
여러분 大家, 各位
구경하다 观看
좋다 好
남산 南山
동대문시장 东大门市场
날마다 每天
공기 空气
쓰다 写
듣기 시험 听力考试
잘 好
주말 周末
한강 汉江
자전거 自行车
인사동 仁寺洞
홍대 弘大
수영 游泳
따뜻하다 温暖

文化: 年龄

在韩国, 孩子一出生便是一岁, 然后按照年份逐渐依次增长。所以在韩国问年龄的时候有时会问 "你几岁?", 有时也会问 "你的韩国年龄是几岁?", 因为韩国年龄和其他国家的年龄表述上有所不同。

另外在向长辈询问年龄的时候要说 "연세가 어떻게 되십니까?(您贵庚?)"。说自己的年龄的时候说 "____살입니다.(我_____岁)"。

第七课 饮食

<1> 我喜欢韩食。

学习目标：能用韩语说喜欢吃的菜。

词汇

무슨 什么
딸기 草莓
한식 韩国菜
맛 味道
맵다 辣
한식집 韩餐馆
살다 住
깨끗하다 干净
가끔 偶尔, 有时
만들다 做
알다 知道
쇼핑 购物
과일 水果
자주 经常
닭갈비 铁板鸡
조금 有点儿, 稍微
요즘 最近
칼국수 刀削面
멀다 远
달다 甜
불고기 烤肉
노래 歌
놀다 玩

<2> 点几人份呢?

学习目标:能用韩语点菜,并能对菜进行简单说明。

词汇

떡볶이 辣炒年糕
짜다 咸
탕수육 糖醋肉
그렇지만 但是
라면 泡面
김치찌개 泡菜汤
스파게티 意大利面
샌드위치 三明治
콜라 可乐
주문하다 点
드리다 给(敬语)
간장 게장 酱蟹
팥빙수 红豆刨冰
시다 酸
그럽시다 这样做吧
냉면 冷面
갈비탕 排骨汤
치킨 炸鸡
녹차 绿茶
인분 人份
종업원 服务员
그래서 所以

第八课 一天的生活

<1> 我明天不忙。

学习目标:能用韩语说日期和星期。

词汇

현충일 显忠日
언제 什么时候
일 日
일요일 星期天
시간 时间
목요일 星期四
감사 편지 感谢信
생일 生日
월 月
요일 星期
내일 明天
며칠 几日
선생님 날 教师节

<2> 我吃完早饭后去学校。

学习目标: 能描述一天的日程。

词汇

학원 学院
비가 오다 下雨
닫다 关
선물 礼物
산책 散步
옷 가게 服装店
나이 年纪
차 车
영어 英语
창문 窗户
잘하다 擅长, 好, 能
기분 心情
쯤 左右
사장님 总经理, 老板
전화번호 电话号码
기다리다 等

第七课 - 第八课 复习

第七课 – 第八课 词汇

파티 派对
유자차 柚子茶
허브티 香草茶
차 茶
장미꽃 玫瑰花
홍차 红茶
인삼차 人参茶
카페 咖啡厅
명동 明洞
케이팝 K-POP
화요일 星期二
월요일 星期一
밤 夜晚

文化:韩国人的用餐礼仪

跟韩国人一起用餐的时候有要遵守的用餐礼仪。
吃饭前要说"잘 먹겠습니다.", 吃完后要说"잘 먹었습니다."。
跟长辈一起用餐的时候要等长辈先开始用餐后再开始吃。
给长辈倒酒的时候要双手接, 并且在喝酒的时候要稍微侧身喝。另外在向长辈倒水或敬酒的时候同样要双手拿水瓶或酒瓶以表示恭敬。

第九课 周末

<1> 我周末和朋友一起打篮球。

学习目标:能描述周末的活动。

词汇

농구 篮球
힘들다 吃力, 累
요리 料理
물건 物品, 东西
싸다 便宜
재미있다 有意思
좀 有点, 一点
생선 鱼
값 价格
일식 日本菜

<2> 我将会在家休息。

学习目标:能用韩语说各种计划。

词汇

캠핑 野营
데이트 约会
이천 利川
도자기 陶瓷
쉽다 简单
스노쿨링 浮潜
졸업식 毕业典礼
결혼식 结婚典礼
스키장 滑雪场
결혼 结婚
스키 滑雪
요가 瑜伽
등산 登山, 爬山
가깝다 近
만들기 制作
평창 平昌
낚시 钓鱼
언니 姐姐
휴가 休假
올해 今年
덥다 热

第十课 过去的事

<1> 我去年8月20日来的韩国。

学习目标:能描述过去的事。

词汇

어제 昨天
지난 上一个, 过去的
드라마 电视剧
공원 公园

축구 足球
작년 去年
생활 生活
재미없다 没意思
내년 明年
열심히 努力

<2> 事情太多了，所以没能见朋友。

学习目标:能用韩语表达没能做成某事，同时说明其理由。

词汇

일 业务，事
왜 为什么
생일 파티 生日派对
여자 친구 女朋友
주다 给
남자 친구 男朋友

第九课 - 第十课 复习

第九课 – 第十课 词汇

태권도 跆拳道
찜질방 桑拿房
피곤하다 累
이번 这次
북한산 北汉山
처음 第一次
노래방 歌厅
외식 在外用餐
청소 打扫
토요일 星期六
경치 风景
달 月

文化:首尔的过去与现在

"首尔"从朝鲜时代开始就是韩国的首都，当时被称为"汉阳"。那个时代的汉阳只有现在的钟路区和中区两个区，周围被北岳山、仁王山、南山等群山包围形成幽静的盆地。如今分隔首尔南北的汉江直到1950年末之前只是流淌在首尔南部外的江。当时汉江上只有汉江铁桥和汉江大桥，跨江很不容易。直到汉江南边的城市开发后，连接汉江北边和南边的大桥逐渐地开始建起来。1960年代以后的首尔基本形成了如今的首尔面貌。